プロジェクト発信型英語

Do Your Own Project In English

Real-life Projects in Academic Settings
Project-based English Program Textbook Lifelong Model
Designed for Global Language Exchange

Volume 2

Projects and Skills In Academic Settings

Yuji Suzuki

鈴木 佑治

南雲堂

NAN'UN-DO

プロジェクト発信型英語プログラム
Project-based English Program

総監修：鈴木佑治 / Yuji Suzuki

社会で本当に役立つ英語!!

プロジェクトの成果，**TOEFL**，**TOEIC**，**TOEIC SW**テストのスコア向上！

プロジェクト発信型英語プログラム用テキスト － 英語にも日本語にも他の言語にも使える！

リアル・ライフ・プロジェクトを通して世界に発信し仲間づくりをしよう！

お互いに教え合う！

Lifelong Model 　幼児から，小学生，大学生，大学院生，社会人まで！

ICTフル活用でいつでもどこでも！

はじめに

『Do Your Own Project In English Volume 2』は，『Do Your Own Project In English Volume 1』の続編です．Volume 1 ではカジュアル・インフォーマルなセッティングでプロジェクトを行い，基本的なコミュニケーション・スキルを身につけます．Volume 2 ではフォーマル・アカデミックなセッティングでプロジェクトを行い，アカデミックなコミュニケーション・スキルを身につけます．日本で一般的な中等学校と高等学校の英語教育を受けてきた大学生の多くは，日常会話さえままならないのが現状です．したがって，まず，Volume 1 から始めて，日常生活で体験することを題材に自由にコミュニケーションできるようになってから，Volume 2 のアカデミックなコミュニケーションに挑戦することを勧めます．

2008年4月に立命館大学びわこ・くさつ・キャンパス（BKC）にて開設された生命科学部・薬学部および2010年4月に開設されたスポーツ健康科学部の「プロジェクト発信型英語プログラム」では，学部生全員が1年次に Volume 1，引き続き，2年次で Volume 2 を使用しています．1年次前期に Volume 1 の Part I の 15 Units を，後期に Part II の 15 Units を終了し，ほぼ全員が，個々の関心事をテーマに独創性に富んだプロジェクトを敢行し，成果を英語で発信しています．1年次前期の初めには英語を話すことに不慣れであった学生が，学期の終わる頃までには人前で話せるようになったのみならず，クラスメートや周囲の人達の意見を聞きながらリサーチをして，それぞれ個性豊かな発信ができるようになりました．日常生活の趣味をテーマにプロジェクトを進めるうちに，生命科学や薬学の専門的なテーマに発展するケースも多々見られました．例えば，ペットの紹介に始まり動物の生命についてのプロジェクトにまで深めたもの，マジックに始まりヒトの認知能力の本質を探るプロジェクトに発展したものなど枚挙にいとまがありません．

Volume 1 を引き継ぐ Volume 2 は，上記のような素晴らしい能力を持つ学生が引き続き能力を伸ばすことが出来るよう工夫されたものでなければなりません．無限の発信能力と創造力を内蔵していることに気づいた学生は，それに相応する高度でアカデミックな内容に挑戦しようという意欲に燃えます．勿論，学生の関心事を中心にプロジェクトを進めることには変わりはありません．2年次前期に Volume 2 の Part I を後期に Part II を終了し，ほぼ全員が独自のテーマでプロジェクトを組み，ディベート，パネル・ディスカッションを行い，起承転結が鮮明なリサーチ・ペーパーを書いて成果を発表しています．このように，2冊の Volume を通して，世界のどこへでも自分のメッセージを効果

的に発信できる能力を身につけることができます．授業やプレゼンテーションはhttp://www.pep.sk.ritsumei.ac.jp/, https://ja-jp.facebook.com/ProjectBasedEnglishProgramでみることができます．

　しかしながら，過去に留学などの海外在留の経験があるなどの理由で，すでに日常のコミュニケーションになんら不自由を感じない大学生は，Volume 2から始めてよいでしょう．ただし，筆者は1990年〜2007年まで慶応義塾大学湘南藤沢キャンパスで，帰国子女の学生さんのクラスを担当したことがありますが，彼らも進んでVolume 1にあるようなカジュアル・インフォーマルなプロジェクトを行い，日常生活の中で彼らしか持ちえない視点で様々なことを発見していました．彼らの1960年代の音楽やスポーツを取り上げたプロジェクトは，その後，社会学的な調査に結びついていきました．新しい視点は，卑近な生活の中から出てくることがよくあります．その意味では，英語力の有る無しに関係なく，誰しも日常を振り返ることから後につながる面白いテーマが出てくるかもしれません．

　2冊のVolumeのコンセプトを筆者の3人の恩師の言葉を借りて要約すると，「学生は未来からの留学生」（加藤寛先生）であり，現下はもちろんのこと未知の問題に挑戦しながら「学生と教員が一緒に学ぶ」（Walter A. Cook先生），そして「問題発見・解決」（加藤寛先生）の過程を「英語で発信する」（鈴木孝夫先生）ことにつきます．

　本書は2009年に郁文堂から出版された同名のテキストをノートブック型テキストとして全面的に書き直したものです．本書を書き直すにあたって，筆者の前任校である慶応義塾大学経済学部および湘南藤沢キャンパスの総合政策学部，環境情報学部，同大学大学院政策・メディア研究科で筆者の授業を履修した皆さんには，様々な示唆を受けました．また，立命館大学生命科学部，薬学部，スポーツ健康科学部で「プロジェクト発信型英語プログラム」を履修した皆さん，および，同プログラムで授業を担当されている先生方，また，以前担当された先生方，学部執行部の先生方，そして，絶えずサポートをしてくださっている事務局の方々に多大な感謝をいたします．これらの方々のコラボレーション無くしてこのようなテキストの開発はできません．

鈴木　佑治
2014年4月

Table of Contents

はじめに ———————————————————————————————— 4

PART I GROUP PROJECT AND PRESENTATION (DEBATE AND PANEL DISCUSSION)

UNIT 1 Group project and presentation ———————————————— 10
Thinking about shared themes in the group
グループで共通テーマを考えよう

UNIT 2 Group project and presentation ———————————————— 16
Project groups
プロジェクト・グループを作ろう

UNIT 3 Group project and presentation ———————————————— 22
Learning expressions for group presentation
グループ・プレゼンテーションの表現を学ぶ

UNIT 4 Group project and presentation ———————————————— 28
How to conduct a debate and have a panel discussion
ディベートとパネル・ディスカッションの方法

UNIT 5 Group project and presentation ———————————————— 34
Debate—expressions and simulation
ディベートの表現とシミュレーション

UNIT 6 Group project and presentation ———————————————— 42
Debate—expressions and mini-debates
ディベートの表現とミニ・ディベート (1)

UNIT 7 Group project and presentation ———————————————— 46
Debate—expressions and mini-debates
ディベートの表現とミニ・ディベート (2)

UNIT 8 Group project and presentation ———————————————— 50
Panel discussion—expressions and simulation
パネル・ディスカッションの表現とシミュレーション

UNIT 9 Group project and presentation ———————————————— 56
Panel discussion—expressions and mini-panel discussions
パネル・ディスカッションの表現とミニ・パネル・ディスカッション (1)

UNIT 10 Group project and presentation ——————————————— 60
Panel discussion—expressions and mini-panel discussions
パネル・ディスカッションの表現とミニ・パネル・ディスカッション (2)

UNIT 11 Group project and presentation ——————————————— 64
Preparation for final presentation
最終発表の準備 (1)

UNIT 12 Group project and presentation ——————————————— 68
Preparation for final presentation
最終発表の準備 (2)

UNIT 13 Group project and presentation ——————————————— 72
Preparation for final presentation
最終発表の準備 (3)

UNIT 14 Final group presentation ——————————————————— 76
【最終発表】グループ・プレゼンテーション (1)

UNIT 15 Final group presentation ——————————————————— 80
【最終発表】グループ・プレゼンテーション (2)

PART II ADVANCED PROJECT, ACADEMIC WRITING AND PRESENTATION

UNIT 16 Advanced project, academic writing and presentation ── 84
What is an advanced project?
アドバンス・プロジェクトとは

UNIT 17 Advanced project, academic writing and presentation ── 90
What is academic writing?
アカデミック・ライティングとは

UNIT 18 Advanced project, academic writing and presentation ── 96
Prewriting – getting an idea through free writing
Free writing を通してアイディアを練る

UNIT 19 Advanced project, academic writing and presentation ── 102
Prewriting – gathering information
情報を集める

UNIT 20 Advanced project, academic writing and presentation ── 108
Drafting – writing the introduction
序論を書く

UNIT 21 Advanced project, academic writing and presentation ── 114
Drafting – writing the main body
本論を書く（1）

UNIT 22 Advanced project, academic writing and presentation ── 120
Drafting – writing the main body
本論を書く（2）

UNIT 23 Advanced project, academic writing and presentation ── 124
Drafting – writing the main body
本論を書く（3）

UNIT 24 Advanced project, academic writing and presentation ── 128
Drafting – writing the conclusion
結論を書く

UNIT 25 Advanced project, academic writing and presentation ── 132
Drafting – proofreading and putting references
校正と参考文献の作成

UNIT 26 Advanced project, academic writing and presentation ── 138
Drafting – writing the abstract
アブストラクトを書く

UNIT 27 Advanced project, academic writing and presentation ── 142
Preparation for academic presentation
最終発表の準備

UNIT 28 Final academic presentation ── 150
【最終発表】アカデミック・プレゼンテーション（1）

UNIT 29 Final academic presentation ── 154
【最終発表】アカデミック・プレゼンテーション（2）

UNIT 30 Final academic presentation ── 158
【最終発表】アカデミック・プレゼンテーション（3）

APPENDIX ── 160
クラスルーム・アレンジメント／数字の表現／スタイルシートの例
DEBATE EVALUATION SHEET／EVALUATION SHEET FOR PANEL DISCUSSION

PART I

GROUP PROJECT AND PRESENTATION (DEBATE AND PANEL DISCUSSION)

UNIT 1

Group project and presentation
Thinking about shared themes in the group
グループで共通テーマを考えよう

UNIT 1では次の2つのことをします．

1. グループ・プロジェクトに向けて，各自が取り組みたいプロジェクトの概要を発表し，意見を交換します．
2. グループで共通する問題（issue）を探し出し，グループ・プロジェクトのテーマとグループ作りの準備をします．

クラスワーク

Step 1

全員が席を立ち，自由に移動してできるだけ多くの人と話しをしてみましよう．各自が取り組んでみたいプロジェクトについてお互いに意見を交換してみましょう．

Memorandums (Names／Key words／Questions／Comments)

Moderator _____
_____

Speaker 1 _____
_____

Speaker 2 _____
_____

Speaker 3 _____
_____

Speaker 4 _____
_____

Speaker 5 _____
_____

Step 2

取り組んでみたいプロジェクトの内容を整理し，どのように発展させるかを考え，その結果を 2 分程度で簡単に発表できるよう準備しましょう．

Memorandums

_____
_____
_____
_____
_____
_____
_____
_____
_____
_____
_____
_____

Step 3

1 人ずつ前に出て発表します．Moderator を決め，自己紹介をしてから始めましょう．発表を聞きながらメモを取り，グループ作りの準備をしましょう．

Memorandums （Names／Key words／Questions／Comments）

Moderator _____
_____

Speaker 1 _____
_____

Speaker 2 _____
_____

Speaker 3 _____
_____

Speaker 4 _____

Speaker 5 _____

Speaker 6 _____

Speaker 7 _____

Speaker 8 _____

Speaker 9 _____

Speaker 10 _____

Speaker 11 _____

Speaker 12 _____

Speaker 13 _____

Speaker 14 _____

Speaker 15 _____

Speaker 16 _____

Speaker 17 _____

Speaker 18 _____

Speaker 19 _____

_____

Speaker 20 _____

_____

Step 4

以下の表現を学び，使えるようにしましょう．下線部には表現を入れて完成させましょう．

---

1. リサーチの目的を述べる．
    (1) This study aims to compare two different cultures.
    (2) This research deals with some major causes of global warming.
    (3) The study attempts to examine Einstein's theory.

2. 先行研究を引用する．
    (1) Einstein (1905) proposed that mass and energy were linked by $E = mc^2$.
    (2) The investigation by Einstein (1905) demonstrates that _____
    (3) According to Einstein (1905), _____

3. 問題提示をする．
    (1) The central issue of our discussion is global warming.
    (2) What we are concerned with here is that _____
    (3) We will focus on the question of how the concept of neutrality has been changed.

Tip

オンライン上に無料の辞書がありますので活用してみましょう．難しい語の発音を聞くことができます．
Weblio (http://www.weblio.jp)
Cambridge Dictionaries Online
(http://www.dictionary.cambridge.org)

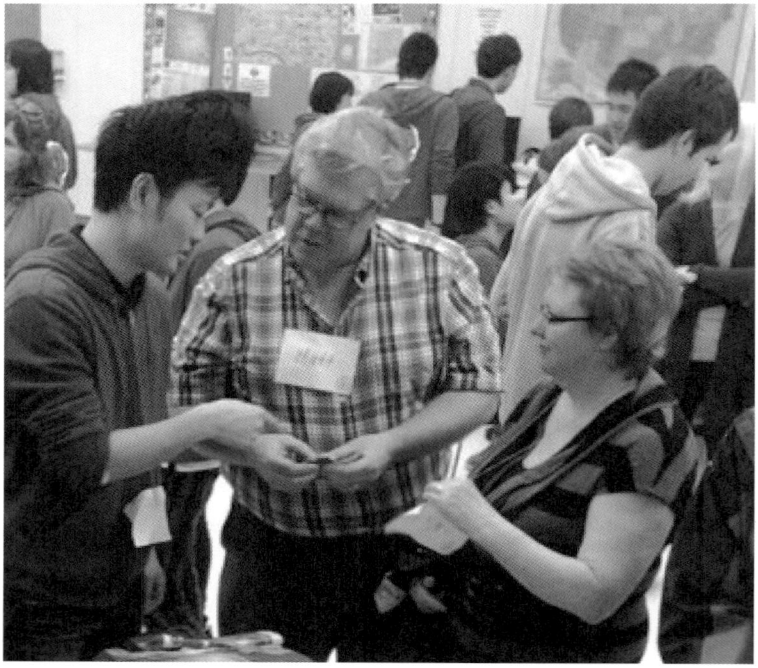

クラス外ワーク

1. 今回のクラス内で発表した内容をもう一度整理し，各自気づいた点を 150 words 程度の英文で指定された Web サイトにアップしましょう．Step 4 で練習した表現を使ってみましょう．
2. 他のメンバーが書いたものを読み，コメントをしてみましょう．特に自分と共通点があると思える人を探し，グループ作りの準備をしましょう．

Memorandums

UNIT 2

Group project and presentation
Project groups
プロジェクト・グループを作ろう

UNIT 2では次の2つのことをします.
1. 共通の問題意識をもつ仲間を見つけ, プロジェクトのグループ作りをします.
2. グループごとにディスカッションをしてプロジェクトのテーマを決め, その概要を英語で発表します.

クラスワーク

Step 1

UNIT 1のクラス外ワークをもとに, 共通の問題意識を持つ仲間を見つけてグループ作りをしてみましょう.

Memorandums (Names / Key words / Questions / Comments)

_____
_____
_____
_____
_____
_____
_____
_____
_____
_____
_____

Step 2

グループごとにディスカッションをしてプロジェクトのテーマを明確にし、その概要を考えてみましょう。Moderator を 1 人選び、ディスカッションを進めます。

Memorandums (Names/Key words/Questions/Comments)

Moderator _____
_____

Speaker 1 _____
_____

Speaker 2 _____
_____

Speaker 3 _____
_____

Speaker 4 _____
_____

Speaker 5 _____
_____

Step 3

以下の表現を学び、Step 2 で話し合ったプロジェクトのテーマと概要を英語で書き、発表の準備をしましょう。

1. 順番をつける・位置確認をする.
   (1) Firstly, ... Secondly, ... Thirdly, ... Lastly ....
   (2) First of all, ... Then, ... Next, ... After that, ... Finally, ...
   (3) To start with, ... Following that, ... Coming up next, ... To finish up, ...
   (4) There were many languages spoken in this area. Firstly/First of all/To start with, there were a number of indigenous languages spoken by local people. _____, English was used as their lingua franca. _____, French was often heard in a certain district. _____, Arabic was another important language spoken by traders from the Middle East.

2. トピックスを導入する.
   (1) I'd like to start by raising a couple of important questions.
   (2) Let's begin by _____
   (3) First of all, I'll _____
   (4) I'll start with _____

3. 次のトピックに移動する.
   (1) Now we'll move on to the next important issue of _____
   _____
   (2) Let me turn to the question of _____
   (3) Next I'd like to discuss a problem of _____

4. 例を挙げる.
   (1) To give you an example, _____
   (2) A good example of this is _____
   (3) As an illustration, _____
   (4) To illustrate this point, _____

5. 以前の問題にもどる.
   (1) Let us go back to my main point.
   (2) Let us return to the question I stated previously.
   (3) Going back to what I was saying, _____

6. 論点を詳しく述べる.
   (1) I would like to expand on this issue.
   (2) We will now elaborate on one of our statements.
   (3) Let's consider the problem in detail.

7. 重要な論点をまとめる.
   (1) So much for this particular point, let's sum up, shall we?
   (2) I'd like to conclude this portion of my presentation.
   (3) Up to this point, I have briefly described the issue.
   (4) Let's summarize what we've looked at.
   (5) Finally, let me remind you of some of the issues we've covered.
   (6) To recapitulate the main points of my discussion thus far, _____
   _____

Memorandums

Step 4

それぞれのグループから代表者1名が前に出てグループ・メンバーを紹介し，Step 3 でまとめたテーマと概要を発表しましょう．

Memorandums （Names / Key words / Questions / Comments）

Moderator _____
_____

Speaker 1 _____
_____

Speaker 2 _____
_____

Speaker 3 _____
_____

Speaker 4 _____
_____

Speaker 5 _____
_____

Tip

グローバル社会では，グループ・ワークが非常に重要です．地球上のあちこちで色々なプロジェクトが展開されていますが，その多くはグループによるものです．グローバル社会の特徴の一つは多様性ですから，個人でできることは限られるでしょう．環境問題一つをとっても，国境を越えて地球規模で考えないと問題の発見と解決はできません．様々な国籍の人々とグループを組んで考えなければなりません．PART I では，グループ・ワーク，グループ・プロジェクトに挑戦してみましょう．

クラス外ワーク

1. Step 2 の活動をもとに，それぞれのメンバーがテーマに関連するサブ・テーマを決めて，その内容を考え始めます．Volume 1 で集めた資料に英文の補足資料を加えて再考し，その結果を 150 words 程度の英文でまとめ，指定された Web サイトにアップしておきましょう．ポイントを明確にするために，Volume 1 の PART II の UNIT 27 で習ったアウトラインの書き方を参考にしてみましょう．

2. グループごとに他のメンバーが Web サイトに書いたものを読み，英語でコメントしてみましょう．また他のメンバーからのコメントを読み，アイディアを共有しておきましょう．

Memorandums

UNIT 3

Group project and presentation
Learning expressions for group presentation
グループ・プレゼンテーションの表現を学ぶ

> **UNIT 3**では次の2つのことをします．
> 1. プロジェクトのテーマについて議論し，内容を深めます．
> 2. プレゼンテーションの表現を学びます．

クラスワーク

Step 1

グループ・プレゼンテーションのための表現を学びましょう．
Volume 1のPART IIのUNIT 27で，プレゼンテーションは，Introduction（序論），Main body（本論），Conclusion（結論）で構成されていることを学び，それに沿ってアウトラインを書きました．そこで学んだことを参考に，10分程度のグループ・プレゼンテーションの準備をしましょう．

1. **Introduction（1分）**．Introductionでは，プレゼンテーションのタイトルを最初に述べ，メイン・アイディアおよびマイナー・アイディアを列挙してプレゼンテーションの概要を1分程度で述べます．以下の例にならってIntroductionを考えましょう．下線部には表現を入れて完成させましょう．

> The title of our presentation today is "_____
> _____." Firstly, we would like to discuss (**Main idea 1**). Secondly, we will touch upon (**Main idea 2**). Thirdly, we will move on to (**Main idea 3**).
>
> ※ discussやtouch upon以外にも次のような類似表現があります．意味を調べて使ってみましょう．
>   examine, explain, account for, deal with, investigate, look into, check, explore ...

2. **Main body（8分）**．アウトラインに沿って議論を展開します．チャート，図などを用いると効果的です．時間配分に注意しましょう．本，雑誌，記事，Webサイト，講演，報道資料などを使う場合は出典を明記しましょう．

次の (1) から (5) までの表現を使い, 8 分の **Main body** の準備をしましょう.

(1) 引用するための表現には次のようなものがあります.

According to the Japan Times, Japan's economy may recover by the end of this year.
Einstein said that _____
TIME magazine shows that _____
Professor Yamada claims that _____
As you will see in the following video, _____

(2) 次の表現を使って自分の意見を述べてみましょう.

It seems to me (us) that smoking should be banned immediately.
I/We will say that _____
I/We strongly believe that _____
I/We support the idea that _____
I/We maintain that _____

　　※ "We" は "editorial we" と言われ, 新聞や学術論文などでよく使われます. 一人ではなくチームを代表して述べているという印象を与え, より客観性を持たせることができます.

(3) 人の意見と違う場合は次のような表現を使って反論してみましょう.

I/We object to the idea that classical music and popular music should be dealt with as totally different categories.
I/We don't believe that _____
I/We wouldn't say that _____
It is wrong to claim that _____
I/We doubt that _____

(4) 意見をつけ加えるための表現には次のようなものがあります.

In addition, our pets are now becoming part of our families.
Furthermore, _____
Additionally, _____
I should also mention that _____
I would like to add that _____

(5) 比較・対比する表現には次のようなものがあります.

On the one hand, the government regulates certain affairs strictly. On the other hand, it is lenient in others.
On the contrary, the government _____
The government _____, but it _____
_____; however, _____

23

3. **Conclusion**（1分）. Main body で議論したことをまとめます. 何を強調したかったかを中心に簡潔に述べます.

> (1) 結論を述べるには次のような表現があります.
> 　　In conclusion, _____
> 　　In brief, _____
> 　　To sum up, _____
> 　　In short, _____
>
> (2) 強調するには次のような表現があります.
> 　　We/I would like to emphasize that _____
> 　　All we/I wanted to say is that _____

Memorandums

Step 2

グループに分かれて、プレゼンテーションを行う準備をします。グループごとに UNIT 2 のクラス外ワークについてディスカッションし、Step 1 で学んだことを参考に英語で 10 分程度のプレゼンテーションを行う準備をしましょう。Volume 1 で使用したそれぞれのスライドやその他の資料を編集し、効果的な発表を工夫してみましょう。

Memorandums （Names／Key words／Questions／Comments）

Moderator

Speaker 1

Speaker 2

Speaker 3

Speaker 4

Speaker 5

Step 3

1グループが代表して10分程度のプレゼンテーションを行います。時間が足りない場合は，グループ全員でなく1, 2名が代表して発表してみましょう。Audienceはプレゼンテーションについてコメントし，指定されたWebサイトにアップします。

Memorandums （Names／Key words／Questions／Comments）

Moderator _____
_____

Speaker 1 _____
_____

Speaker 2 _____
_____

Speaker 3 _____
_____

Speaker 4 _____
_____

Speaker 5 _____
_____

Tip

グループ・プロジェクトのテーマを選ぶとき，先行プロジェクトがあるかないか気になるところですが，まだ手つかずのテーマに挑戦することを勧めます。

クラス外ワーク

1. グループごとに Step 2 で考えた内容を踏まえ，自分が担当する部分のリサーチを進めておきましょう．その概略を 200 words 程度の英文でまとめ，指定された Web サイトにアップしておきましょう．
2. Step 2 で各自が担当することになった箇所のプレゼンテーション用スライドを作成し，編集してグループごとに 1 つにまとめ，指定された Web サイトにアップしておきましょう．
3. Web サイトに提出された他のグループのプレゼンテーションの要約やスライドを見て，簡単にコメントしましょう．

Memorandums

UNIT 4

Group project and presentation
How to conduct a debate and have a panel discussion
ディベートとパネル・ディスカッションの方法

> **UNIT 4では次のことをします.**
> 1. PART Iでは, ディベートとパネル・ディスカッションを通して, 高度なディスカッションを行います. このUNITでは, ディベートとパネル・ディスカッションのフォーマット, それぞれにおける論点の絞り方を学びます.

クラスワーク

Step 1

ディスカッションにはインフォーマルなものからフォーマルなものまで様々ありますが, ここでは, ディベートとパネル・ディスカッションによるディスカッションの方法を学びます. あるテーマをめぐってグループでリサーチを行い, その成果について様々な角度からディスカッションします. 論点を絞り, さらにリサーチを進め, プロジェクトの内容を深めます. まずはディベートとパネル・ディスカッションの基本をしっかり理解しましょう.

1. 5名で1グループを作り, それぞれが次のいずれかの役割を分担してディベートをする.
   - (1) Moderator （1名） 中立の立場から問題提起をし, 議論中に双方の意見を整理し, 争点を明確にする.
   - (2) Pro team （2名） 賛成の立場から意見を述べ, 議論を展開する.
   - (3) Con team （2名） 反対の立場から意見を述べ, 議論を展開する.

   このようにして, 全グループが交代でクラスの前に出てディベートをする.

2. ディベートを担当するグループ以外の人は次の役割を分担する.
   - (1) Chair （1名） クラス全体の総合司会・総合進行役を務める.
   - (2) Timekeeper （1名） グループごとに割り当てられた時間をチェックする.
   - (3) Audience その他全員が, Pro team, Con teamの勝敗の最終判断に加わる. Audienceとして質問をする.

3. ディベートはあるひとつの論題（proposition）をめぐって行われます．例えば喫煙に関するテーマを取り上げてみましょう．喫煙に賛成か反対かを問うだけでは論点が定まらず，論題としてはふさわしくありません．論題を「公共の場での喫煙は禁止すべきである」のように絞り込む必要があります．そのため Moderator を中心に，Pro と Con の両チームが十分に議論し合い，論題を設定しましょう．30 分のディベートを想定した場合は，次のように進めます．

   (1) Chair による挨拶・手順の説明・チームの紹介（2分）
   ↓
   (2) Moderator による論題の提示（2分）
   ↓
   (3) Pro team による立論（5分）
   ↓
   (4) Con team による立論（5分）
   ↓
   (5) 相手チームに対する Cross-examination（8分）
   ↓
   (6) Audience から両チームに対する質疑応答（3分）
   ↓
   (7) Debate Evaluation Sheet を Audience から回収し，結果を発表（5分）

4. 次のものを用意しておきます．
   (1) Debate Evaluation Sheet（Appendix 参照）
   (2) ストップウォッチ
   (3) 残り時間を示すカードまたはチャイム

Memorandums

Step 2

パネル・ディスカッションについて学んでみましょう. パネル・ディスカッションは, 1つのテーマをめぐって数名のPanelistsがそれぞれの考えを発表し, その後Moderatorが論点を整理し, さらにPanelistsの意見を求めます. あるテーマについて, Pro/Conには分けずに多くの視点から議論を展開するのに有効です. そのために, PanelistsのみならずAudienceも議論に参加させて, できるだけ多くの人の意見を聞いて集約します. 議論は多岐にわたることがあるので, Moderatorの采配に依るところも多く, Moderatorは, テーマについて幅広い知識を持つ必要があります.

1. 5名で1グループを作り, それぞれが次のいずれかの役割を分担してパネル・ディスカッションをする.
   (1) Moderator （1名） パネル・ディスカッションの進行役を務める. 初めにテーマに関する自分の見解も交えて問題提起し, Panelistの紹介をかねてそれぞれのスタンスを簡潔に述べる. その後のPanelistsやAudienceの間で行われるディスカッションでは, 論点を整理して議論を活発にする.
   (2) Panelists （4名） 各テーマに対してそれぞれの視点で意見を述べる. また他のPanelistsやAudienceからの質問・コメントに答える.

2. パネル・ディスカッションを担当するグループ以外の人は次の役割を分担する.
   (1) Chair （1名） クラス全体の総合司会・進行役を務める.
   (2) Timekeeper （1名） クラス全体のTimekeeper（グループごとに割り当てられた時間をチェックする.）
   (3) Audience その他全員が, Panelistsに質問・コメントをそして積極的に議論に加わり, Evaluation Sheet for Panel Discussionを用いて評価する.

3. パネル・ディスカッションは, あるひとつのテーマ（theme/topic）をめぐって行われます. 上述したように, Pro/Conではなく, いろいろな角度から議論して問題点や解決策を探るようなテーマ設定がよいでしょう. 同じく, 喫煙に関するテーマを取り上げてみましょう.「公共の場での喫煙は禁止すべきである」はディベートには相応しくても, パネル・ディスカッションのテーマとしてはやや文言が強すぎます. 例えば,「公共の場での喫煙を禁止することの是非をめぐって」くらいにして, 賛否両論幅広い意見を求めるとよいでしょう. Moderatorを中心に, PanelistsとAudienceが

> **Tip**
> このUNITで紹介するパネル・ディスカッションのフォーマットは一例に過ぎません. 十分なパネル・ディスカッションをするには90分以上が必要でしょう. しかし, 授業時間内に2, 3のパネルをするという制限の下では30分程度しか許されません. したがって, PanelistsやAudienceの質疑応答などを簡略せざるを得ませんでした. 他にも様々なバリエーションが考えられ, インターネットでも多くのテーマで活発なパネル・ディスカッションが配信されているので, 幾つか見て参考にしましょう. また, グループごとに, 授業外で自由な時間をとり存分に議論したものを録画してインターネットで配信するのも良いでしょう.

様々な角度から活発な議論を展開して意見集約する必要があります．30分のパネル・ディスカッションを想定した場合は，次のように進めてみましょう．

(1) Chairによる挨拶（1分）
　↓
(2) Moderatorによるテーマの提示，進行の仕方の説明（3分）
　↓
(3) Panelistsによる発表（各3分，合計12分）
　　　Panelist Aの発表
　　　　↓
　　　Panelist Bの発表
　　　　↓
　　　Panelist Cの発表
　　　　↓
　　　Panelist Dの発表
　↓
(4) Audienceからの質問・コメント（5分）
　　（ModeratorはAudienceからの質問・コメントを整理して，新たな問題提起をする）
　↓
(5) Panelistsによる見解の表明（各2分，合計8分）
　　　Panelist Aの見解
　　　　↓
　　　Panelist Bの見解
　　　　↓
　　　Panelist Cの見解
　　　　↓
　　　Panelist Dの見解
　↓
(6) Moderatorによる総評・まとめ（1分）

4．次のものを用意しておきましょう．
(1) Evaluation Sheet for Panel Discussion（Appendix参照）
(2) ストップウォッチ
(3) 残り時間を示すカードまたはチャイム

Memorandums

Step 3

グループごとにテーマが, ディベートとパネル・ディスカッションのどちらに適するか, ディスカッションしてみましょう. ディベートとパネル・ディスカッションの2つの案を考えてみましょう. この時間内にどちらかを選択し, その理由をまとめてみましょう.

Memorandums

_____
_____
_____
_____
_____
_____
_____
_____

Step 4

グループごとに代表が前に出て来て, ディベートまたはパネル・ディスカッションのどちらを選択したか, その理由を簡単に発表してみましょう.

Memorandums (Names／Key words／Questions／Comments)

Moderator _____
_____

Speaker 1 _____
_____

Speaker 2 _____
_____

Speaker 3 _____
_____

Speaker 4 _____
_____

Speaker 5 _____
_____

クラス外ワーク

1. Step 2 の活動を踏まえ，グループごとにディベートかパネル・ディスカッションを選んだ理由を，75 words 程度の英文で書き，指定された Web サイトにアップしておきましょう．
2. リサーチを進め，ディベートまたはパネル・ディスカッションにおいて，各自どのような視点でテーマを追究するかを 200 words 程度の英文でまとめ，指定された Web サイトにアップしておきましょう．
3. グループ内で意見を共有するために，Web サイトに提出された他のメンバーが書いたものを読み，コメントしておきましょう．

Memorandums

UNIT 5

Group project and presentation
Debate — expressions and simulation
ディベートの表現とシミュレーション

UNIT 5 では次の2つのことをします.

1. ディベートのフォーマットと表現を学びます.
2. ディベートのシミュレーションを行い，論点の絞り方を学びます.

クラスワーク

Step 1

ディベートのフォーマットと表現を学びましょう.

Chair:	Ladies and gentleman, my name is Yuri Sato, I am chairing today's debate session. The first group, please come forward.
Moderator:	Shall we start? Ladies and gentlemen, we would like to start our debate. I'm Atsuko Sugiyama and I'll be moderating this debate. The proposition for this session states: "Formula 1 Grand Prix automobile racing should be abolished." First, I would like to talk about some of the issues regarding the proposition. （Moderator が，テーマに関する背景について賛否両論を交えて簡潔に述べる）
Moderator:	Now, I would like to ask the pro side to present their arguments.
Pro:	Thank you, Ms. Sugiyama. （Pro team が意見を述べる）
Moderator:	Thank you. Now, I would like to ask the con side to present their arguments.
Con:	Thank you, Ms. Sugiyama. （Con team が意見を述べる）
Moderator:	Thank you. Next, I would like both sides to cross-examine their opponents' arguments. Please go ahead.

> Pro/Con teams: (Pro team と Con team が互いに質疑応答をして討論を展開する)
>
> Moderator: I'm sorry, but the time is up. May I invite the audience to ask questions?
>
> Audience: (Pro team と Con team の両サイドが Audience より質問を受けて答える)
>
> Moderator: Thank you. That has been a very interesting discussion. But we have to stop here. Ladies and gentlemen in the audience, could you submit your final judgment for this session?
>
> (Audience は Debate Evaluation Sheet を記入し, Moderator は結果を集計し, 勝利チームを発表する)
>
> Moderator: Ladies and gentlemen, the winner of this debate is the Pro/Con team. Let's give both teams a big hand.
> Thank you very much for your cooperation.
>
> Chair: Thank you very much. This concludes the debate of Group 1.

Step 2

次のディベートは，1990年代のある英語授業の受講生らが行ったディベートに加筆・修正し再現したものです．当時イタリアで起きたF1レースの大事故を受けて，F1レースの賛否を議論しています．テーマは "Formula 1 Grand Prix automobile racing should be abolished" です．口に出して読みながらディベートの練習をしてみましょう．

> Moderator: Ladies and gentlemen, we would like to start our debate.
> I'm Atsuko Sugiyama and I'll be moderating this debate. The proposition for this session states that Formula 1 Grand Prix automobile racing should be abolished. Mr. Yoshida and Ms. Nomura on your right will take the pro side. Mr. Kurita and Mr. Chow on your left will take the con side.
>
> First, I would like to talk about some of the issues regarding the proposition. The deaths of two Formula 1 drivers at Imola in Italy have caused people to say that the sport is too dangerous. The question must be asked: Are there any benefits which justify the risk? Now, I would like to ask the pro side to present their arguments.
>
> Pro: Thank you, Ms. Sugiyama.
> The deaths of Ayrton Senna and Roland Ratzenberger in one weekend of racing at the San Marino Grand Prix have called attention to the great dangers involved in Formula 1 racing. Some of the best drivers in the history of the sport have died on the race track. Many others have suffered permanent injury. Not only drivers get hurt. Mechanics and spectators have also been killed and injured in this dangerous

sport. These deaths and injuries are intolerable. Formula 1 racing is too dangerous to be allowed to continue. Some people say that the danger is justified because racing has practical benefits. They say that racing is a testing ground for cars. What is learned in racing is used to make better passenger cars for the general public. We disagree with this argument. Formula 1 cars are so specialized that there is very little carryover to ordinary passenger vehicles. Of course, Formula 1 racing is extremely popular. But the fact that something is popular does not make it right. In fact, many spectators at motor races come just to see the crashes. Formula 1 racing is very dangerous. There is no practical advantage from Formula 1 racing to justify the danger. The appeal of Formula 1 racing is to the spectators' primitive fascination with violence. Therefore, the sport should be abolished.

Moderator: Thank you. Now, I would like to ask the con side to present their arguments.

Con: Thank you, Ms. Sugiyama.
The deaths of Ayrton Senna and Roland Ratzenberger are indeed tragic and shocking. Formula 1 drivers, manufacturers and organizers are all working to improve the safety of tracks and cars. We support those efforts. But we reject the proposition that the sport itself should be abolished, just because an activity is dangerous. That is not necessarily a reason to prohibit it. Many people enjoy dangerous activities, like mountain climbing and scuba diving. If people understand the risk and don't endanger anyone but themselves, they should be able to engage in the activity. Automobile engineers learn a lot from Formula 1 racing. True, the cars are very different from ordinary passenger cars, but many things are similar. Developments at the track show up later in the cars we drive on ordinary highways. Mr. Yoshida and Ms. Nomura describe the spectators of Formula 1 racing as bloodthirsty sadists, interested only in seeing car wrecks. We wonder if our opponents have ever been to a race. Most spectators know a lot about the sport. They know the drivers and the teams. They follow the race closely and pay attention to driving strategy. Formula 1 racing is one of the most popular sports in the world. When they condemn the motives of Formula 1 racing fans, our opponents are condemning millions of their fellow human beings. We reject their argument. Formula 1 racing is dangerous, but it is no more dangerous than many other sports. Formula 1 racing serves as a testing ground to improve safety in passenger cars. Formula 1 racing is one of the world's most popular sports. Therefore, there is no reason to abolish Formula 1 racing.

Moderator: Thank you. Next, I would like both sides to cross-examine their opponents' arguments. Please go ahead.

Pro: Mr. Kurita and Mr. Chow say that there is no reason to prohibit dangerous activities if the people who engage in them understand and accept the risks. Do they feel the same way about smoking or drunk driving? Society has an obligation to protect people. Activities that involve a serious risk of death and serious injury must be controlled.

Con: We certainly are not arguing that smoking and drunk driving are acceptable. Both these activities present dangers not only to the smoker or the drunk driver but also to innocent people. A better example of our point would be swimming or mountain climbing. More people drown on one summer weekend at the beach than have died in the last ten years of Formula 1 racing. Every year several mountain climbers die in Japan. Are you saying that we should abolish swimming and mountain climbing? Although it is dangerous, Formula 1 racing is no more dangerous than many other activities which we allow. We want to ask Ms. Nomura and Mr. Yoshida about their argument that there are no practical advantages to be derived from Formula 1 racing. We disagree. Many improvements that make the cars we drive safe and efficient were pioneered on race tracks. Disc brakes, electronic ignitions, fuel injection, and independent suspension: all were developed first for racing cars.

Pro: We see your point, but if racing is really a testing ground for safe passenger cars, why not encourage passenger car racing? Better still, why not test on safe company tracks. We don't see the point of racing at all. If Formula 1 racing is abolished, manufacturers and sponsors can spend their time and money on safer and more practical types of testing.

Con: We also support other types of testing, but racing is testing under conditions of competition. Competition improves quality. Formula 1 racing is the most sophisticated type of motor racing, subjecting machines and drivers to the maximum stress. It is the very best testing ground.

Moderator: I'm sorry but the time is up. May I invite the audience to ask questions?

※ 鈴木佑治, 霜崎實, ジョージ・ドウ (1994)『発信する大学英語』郁文堂より, 一部編集箇所あり.

Memorandums

Step 3

前頁のディベートの例を分析してみましょう.

1. まず，テーマが Pro と Con 両論にはっきりと分かれるものとなっています.

    Proposition: Formula 1 Grand Prix automobile racing should be abolished.

2. Pro のチームは次の 3 点ではっきりと，Formula 1 Grand Prix racing を廃止すべきだと主張しています.

    Pro: Formula 1 racing should be abolished for the following reasons:
    (1) It is very dangerous.
    (2) There is little practical benefit from racing.
    (3) The spectators are interested only in seeing car wrecks.

3. Con のチームは次の 3 点を挙げて廃止すべきでないと反論しています.

    Con: Formula 1 racing should not be abolished for the following reasons:
    (1) It is no more dangerous than some other activities which are allowed.
    (2) Automobile engineers learn a lot from racing.
    (3) Formula 1 racing is very popular.

4. この後，互いに相手方の議論を検証（**Cross-examination**）します．**Audience** は一連の議論を聞いた後，Pro/Con チームに質問して，その回答も含めてどちらがより説得力があったかを判断します．自分の意見に合致するかどうかではなく，あくまでもどちらに説得力があるかを判断します．

Step 4

簡単にディベートの練習をしてみましょう．グループに分かれて，以下のテーマから 1 つを選び，ディベートのシミュレーションをしてみましょう．論題に対して，Pro, Con の立場がとれること，論点が明確に絞られていることなどを踏まえてどのような議論の展開ができるか考えてみましょう．話し合いは日本語でもかまいませんが，シミュレーションは英語でしてみましょう．

1. Euthanasia: Pro or con?（安楽死の是非）
2. Genetic engineering: Pro or con?（遺伝子操作の是非）
3. Capital punishment: Pro or con?（死刑の是非）
4. Copyright protection: Pro or con?（著作権保護の是非）

Memorandums

Step 5

Step 4 で準備したディベートのシミュレーションをしてみましょう. 代表として 1 グループを選び, その他のグループは Audience として質疑応答し, Debate Evaluation Sheet に評価・コメント書いて勝者を決めます.

Memorandums

> **Tip**
> アメリカの大統領選挙では，候補者同士が激しいディベートを行います．その模様はインターネットで放映され，有権者はそれを聞いて判断します．インターネットの動画サイトで過去行われたディベートをチェックしてみましょう．US presidential debates と入力すると出てきます．

Step 6

Step 1 から Step 5 を参考に，グループごとにプロジェクトのテーマをディベート用に調整しましょう．どのような論点をどのように展開するかディスカッションしてみましょう．UNIT 6 では，2〜3 のグループがそれぞれの設定テーマに基づいて，ミニ・ディベート（15 分から 20 分程度の簡単なもの）を行います．担当グループはリサーチをして資料を収集・整理し，準備しましょう．

Memorandums

クラス外ワーク

1. Step 6 の活動をもとに，グループごとにプロジェクトのテーマをディベート用に調整してみましょう．どの論点をどのように展開するかディスカッションしてみましょう．グループ内で Pro と Con に分かれ，それぞれの論点を考えて各自 200 words 程度の英文でまとめ，指定された Web サイトにアップしておきましょう．
2. 他のメンバーが書いたものを読みコメントをして，ミニ・ディベートの準備をしましょう．

Memorandums

UNIT 6

Group project and presentation
Debate — expressions and mini-debates
ディベートの表現とミニ・ディベート (1)

> **UNIT 6**では次の2つのことをします．
> 1. ミニ・ディベートを行います．
> 2. ディベートに必要な基本的な英語表現を学びます．

クラスワーク

Step 1

ディベートのための基本表現を学びましょう．これらの表現はパネル・ディスカッションにも使える表現です．下線部には表現を入れて完成させましょう．

1. 質問を切り出す．
   I'd like to ask you about _____
   Can you explain why _____
   I have a question concerning _____

2. 質問中に相手の発言を引用する．
   A minute ago, you said that _____
   You mentioned that _____
   Can we go back to your remark on _____

3. 相手の意見を求める．
   Give us your opinion about _____
   Don't you think that _____

4. より明確な説明を求める．
   Could you be more specific about _____
   What do you mean by _____
   In what sense?

5. 問題を仮定して論ずる．
   What would you say, if _____
   Suppose that _____, how would you answer?

6. 賛成する.

   I agree with you.
   That's right.
   Exactly.

7. 相手の意見に理解を示しつつ反論する.

   I see your point, but _____
   Yes, but _____

8. 賛成しない.

   I don't agree.
   I disagree.
   That's wrong.
   I disagree with you.
   I can't agree with your opinion that _____
   I have a totally opposite view to the idea that _____

9. 相手のわりこみを制止し自分の発言を続ける.

   Wait! Can I finish?
   Wait a second. Let me finish.
   I'm still talking.
   Can you wait till I finish?

Step 2

2〜3グループが前に出て，それぞれ20分程度のミニ・ディベートを行います．それ以外のグループはAudienceとして質疑応答をして，Debate Evaluation Sheetを使って評価します．評価をする際には，次の2点に注意しましょう．

1. 論題に対する思い込みや既成概念で評価しない.
2. 自分の信念に合致するかではなく，中立的な立場で評価する.

ディベートをしたグループを含めて全員が，ミニ・ディベートの要点，質問，感想，コメントを書きましょう．

Memorandums

Tip

Volume 1 の Part II の UNIT 18 で学習した Questionnaire や Interview などの手法を活用して，自分たちの考えや仮説を検証するためにデータを集め，ディベートやパネル・ディスカッションに積極的に取り入れてみましょう．インターネットを使用して世界中の人から多角的なデータを集めてみるのもよいでしょう．

UNIT 7 では，2～3 のグループがそれぞれの設定テーマに基づき，ミニ・ディベート（15 分から 20 分程度の簡単なもの）を行います．担当するグループは，そのためのリサーチをして資料を整理し準備を行いましょう．ディベートでは，レジュメやスライド等の資料を必要に応じて提示すると議論に説得力が増し大変効果的です．グループ内で前もって準備し，提示のタイミング等をシミュレーションしておきましょう．

クラス外ワーク

1. Step 2 で行われたミニ・ディベートの 1 つを取り上げ，良かった点や改善すべき点について 300 words 程度の英文でまとめ，指定された Web サイトにアップしておきましょう．(1) 論点（絞れていたか），(2) 準備（できていたか），(3) 内容（充実していたか），(4) 進行（時間配分を守り全員ができたか），(5) デリバリー（発音，補助資料の効果的な提示など）の 5 項目を中心に吟味して書きましょう．

2. UNIT 5 の Step 2 のディベート例をもう一度読んで復習してみましょう．

Memorandums

UNIT 7

Group project and presentation
Debate — expressions and mini-debates
ディベートの表現とミニ・ディベート (2)

UNIT 7 では次の2つのことをします．

1. ミニ・ディベートを行います．
2. ディベートに必要な基本的な英語表現を学びます．

クラスワーク

Step 1

ディベートのための表現をさらに学びましょう．これらの表現は，パネル・ディスカッションにも使える表現です．下線部には表現を入れて完成させましょう．

1. 相手が述べたことを確認する．
    Are you sure that _____
    Are you saying that _____
    Your claim is that _____. Am I wrong?

2. 一般に予想される事実とは異なることを提示する．
    Actually, that was not the case.
    But in fact, the opposite is true.
    The fact of the matter is that _____

3. 別の言葉で言い換える．
    Let's put it this way.
    Let me put it in different words.
    In other words, I'm saying that _____

4. 反論する．
    I'm opposed to what you have said.

In my opinion, it is wrong to say that _____
I'm against the opinion that _____

5. 確信を持って主張する.
   I'm pretty sure that _____
   I'm confident that _____
   I have been convinced that _____

6. 疑念を示す.
   I'm not sure whether or not _____
   I doubt that _____

Step 2

2〜3 のグループが前に出て，それぞれ 20 分程度のミニ・ディベートを行います．それ以外のグループは **Audience** として質疑応答と **Evaluation** に参加しましょう．

Memorandums

Tip
ディベートの準備
従来のパネル・ディスカッションやディベートは，討論中に情報を収集することを想定していませんでした．しかし，現在では，手元にインターネットに接続されたコンピュータがあれば，討論中でも必要な情報を即座に調べ，それをもとに議論を展開することが可能です．ディベートにおける議論の展開は皆目見当がつかないので，あらかじめ十分な必要データを用意できるものではありません．リアルタイムでデータ検索・情報共有できれば，より活発な議論を展開する事ができます．たとえば，日本の国勢に関するディベートをしているとしましょう．チームメートの一人が総務省統計 (http://www.stat.go.jp/) や内閣府統計 (http://www.esri.cao.go.jp/index.html) などのサイトにアクセスして必要なデータを取り出し，他のグループ・メンバーに送信して共有し，それをもとに立論します．相手チームも同じようにして対抗してくるでしょう．まさに情報戦です．

クラス外ワーク

1. Step 2 で行われたミニ・ディベートの 1 つを取り上げ，良かった点や改善すべき点について 300 words 程度の英文でまとめ，指定された Web サイトにアップしておきましょう．(1) 論点（絞れていたか），(2) 準備（できていたか），(3) 内容（充実していたか），(4) 進行（時間配分を守り全員ができたか），(5) デリバリー（発音，補助資料の効果的な提示など）の 5 項目を中心に吟味して書きましょう．

Memorandums

UNIT 8　Group project and presentation
Panel discussion – expressions and simulation
パネル・ディスカッションの表現とシミュレーション

UNIT 8 では次の2つのことをします.

1. パネル・ディスカッションに必要な英語表現を学びます.
2. パネル・ディスカッションのシミュレーションを行い, そのフォーマットを学びます.

クラスワーク

Step 1

パネル・ディスカッションのフォーマットと表現を学びましょう.

Chair: Good afternoon, ladies and gentlemen. Shall we start? My name is ＿＿＿＿＿＿＿＿＿＿＿＿＿＿＿＿＿＿＿. I am chairing the two panel discussions this afternoon. I would like to introduce the first panel.

Moderator: Ladies and gentleman. My name is ＿＿＿＿＿＿＿＿＿＿＿＿＿＿＿＿＿＿＿.
The topic of this panel is "＿＿＿＿＿＿＿＿＿＿＿＿＿＿＿＿＿＿＿." I'd like to introduce the panelists. From the right side, Mr. A, Ms. B, and Mr. C.

Each panelist will have 10 minutes to present his or her thoughts. After that, we will invite questions from the audience. I would like to ask Mr. A to speak first.

A: (10 minute talk)

Moderator: Thank you Mr. A. Now I would like to invite Ms. B to give her talk.

B: (10 minute talk)

Moderator: Thank you, Ms. B. It was a very informative presentation. And there are some interesting points, on which some of us here would like to comment later. Now Mr. C, this is your turn.

C: (10 minute talk)

Moderator:	Thank you, Mr. C. Again, some of your points you have made are very inspiring. Let's follow up those points later on.
	Thank you, all panelists. We are ready for discussion on this topic. As we heard, Mr. A and Ms. B shared similar opinions. However, Mr. C has another point of view. Ms. B, would you like to add your view on this?
B:	(2 minute talk)
Moderator:	Thank you, Ms. B. Mr. A, you support Ms. B's idea, don't you? I'm sure you have comments on that.
A:	(2 minute talk)
Moderator:	I see Ms. B raising her hand. Ms. B, would you like to add?
B:	(2 minute talk)
Moderator:	Thank you Ms. B. How about you, Mr. C? I'm sure you have a lot of things to say.
C:	(2 minute talk)
Moderator:	Thank you, all panelists. Mr. C's comment concludes the initial discussion. Now we invite all of you in the audience to participate in our discussion. Those who have questions, please raise your hands.
	(Questions from the audience and answers from the panelists)
Moderator:	Thank you all for making this session very exciting and meaningful. Let us give a big hand to the panelists.
Chair:	Thank you. That was stimulating. This is the end of the first panel discussion.

Memorandums

Step 2

グループごとに，以下のテーマから1つを選び，Step 1のパネル・ディスカッションのフォーマットを参考にシミュレーションをしてみましょう．いくつかの視点を踏まえて議論を組み立てます．Moderatorはそれぞれの意見をまとめ論点を明確にし，議論を深めてみましょう．日本語でシミュレーションしてから英語で挑戦してみましょう．

1. Olimpic games and commercialism（オリンピック・ゲームと商業主義）
2. How to globalize Japanese education（いかに日本の教育をグローバル化するか）
3. How to preserve our local dialects（方言をどのように残していくべきか）
4. On the future of newspaper and mass media（新聞・報道の未来について）

Memorandums

Step 3

1 グループを選び，前に出て Step 2 で行ったパネル・ディスカッションのシミュレーションを英語で行ってみましょう．

Memorandums

_____
_____
_____
_____
_____
_____
_____
_____
_____
_____
_____
_____
_____
_____
_____
_____
_____
_____
_____
_____
_____
_____

Tip
パネル・ディスカッションの準備
それぞれの Panelist には一定の持ち時間が割り当てられ，その時間内で自らの議論を展開し，その後，他の Panelists と議論します．持ち時間内で議論を整理しなければなりませんが，他の Panelists との議論に備えて，あらかじめ指摘されそうな点，説明を求められそうな点を予測しながら準備を進めます．インターネットで Panel discussion と入力すると，パネル・ディスカッションに関するサイトを見つけることができます．日常生活，授業，クラブ活動などで気になることをテーマに友達同士で気軽に行ってみましょう．

Step 4

Step 1, Step 2, Step 3 で学んだことを踏まえ，各グループが取り組むプロジェクトについてパネル・ディスカッションをする場合，どのようなテーマを立て，どのような論点で，どのように展開するかを考えて，シミュレーションしてみましょう．

Memorandums

クラス外ワーク

1. **Step 4** の活動を踏まえて，グループごとにプロジェクトに基づいてパネル・ディスカッションのテーマを立て，構成・内容を考え，各自が担当する部分に関するリサーチを進めましょう．その成果を 200 words 程度の英文でまとめ，指定された Web サイトにアップしておきましょう．

2. グループごとに他のメンバーが書いたものを読みコメントして，ミニ・パネル・ディスカッションに備えて情報を共有しておきましょう．

3. **Step 1** で学んだパネル・ディスカッションのフォーマットと基本表現を復習しておきましょう．

4. **UNIT 9** では，2〜3 のグループがそれぞれの設定テーマに基づいて，ミニ・パネル・ディスカッション（15 分から 20 分程度の簡単なもの）を行います．担当グループは，リサーチをして資料を収集・整理し，準備をしておきましょう．

Memorandums

UNIT 9

Group project and presentation
Panel discussion – expressions and mini-panel discussions
パネル・ディスカッションの表現とミニ・パネル・ディスカッション(1)

UNIT 9 では次の2つのことをします．

1. パネル・ディスカッションに必要な英語表現を学びます．
2. ミニ・パネル・ディスカッションを行います．

クラスワーク

Step 1

パネル・ディスカッションに必要な表現を学びましょう．下線部には表現を入れて完成させましょう．

1. 質問をする．

    I have a couple of questions.
    I'd like to ask a question.
    I was wondering if I could ask some questions.
    Let me ask a question about it.
    May I ask Ms. A why _____

2. 質問に対応する．

    That's a good point. I would like to add that _____
    Yes, some people may think that way. However, as I mentioned, _____
    _____
    Let me clarify my point. My point is that _____
    Let me reply to the first question.

3. 質問を促す．（Moderator 用）

    I'm sure you have questions or comments.
    Are there any questions or comments?

Any other questions or comments?
How about you, Mr. B?
Mr. A, would you like to comment on this?
I'd like to invite Mr. C to comment on this.

Memorandums

Step 2

UNIT 8 のクラス外ワークをもとに, 2～3 のグループが 20 分程度のミニ・パネル・ディスカッションを行います. それ以外の人は Audience として質疑応答に参加し, Evaluation Sheet for Panel Discussion を使ってコメントしましょう.

Memorandums

Tip

インターネットの動画サイトでパネル・ディスカッションの例をさがしてみましょう. フォーマルなものからインフォーマルなものまでたくさん並んでいます. テーマを入力して幾つか参考にできるものを見ておくと良いでしょう.

クラス外ワーク

1. Step 2 で行われたミニ・パネル・ディスカッションの 1 つを取り上げ，良かった点や改善すべき点について 300 words 程度の英文でまとめ，指定された Web サイトにアップしておきましょう．(1) 論点（絞れていたか），(2) 準備（できていたか），(3) 内容（充実していたか），(4) 進行（時間配分を守り全員ができたか），(5) デリバリー（発音，補助資料の効果的な提示など）の 5 項目を中心に吟味して書きましょう．

2. UNIT 10 では，残りのグループがそれぞれの設定したテーマに基づいて，ミニ・パネル・ディスカッション（15 分から 20 分程度の簡単なもの）を行います．担当するグループは，そのためのリサーチをして，資料を収集・整理して準備しておきましょう．

Memorandums

UNIT 10

Group project and presentation
Panel discussion – exprssions and mini-panel discussions
パネル・ディスカッションの表現とミニ・パネル・ディスカッション(2)

UNIT 10では次の2つのことをします．

1. パネル・ディスカッションに必要な表現の復習をします．
2. ミニ・パネル・ディスカッションを行います．

クラスワーク

Step 1

UNIT 6 から UNIT 9 で学んだ表現を復習してみましょう．可能であれば，インターネットで配信されている動画サイトから，類似のフォーマットと表現をもつパネル・ディスカッションを見て参考にするとより効果的です．

Memorandums

_____
_____
_____
_____
_____
_____
_____
_____
_____
_____

Step 2

2〜3のグループが20分程度のミニ・パネル・ディスカッションを行います. Audienceは, 質疑応答し, Evaluation Sheet for Panel Discussion にコメントしましょう.

Memorandums

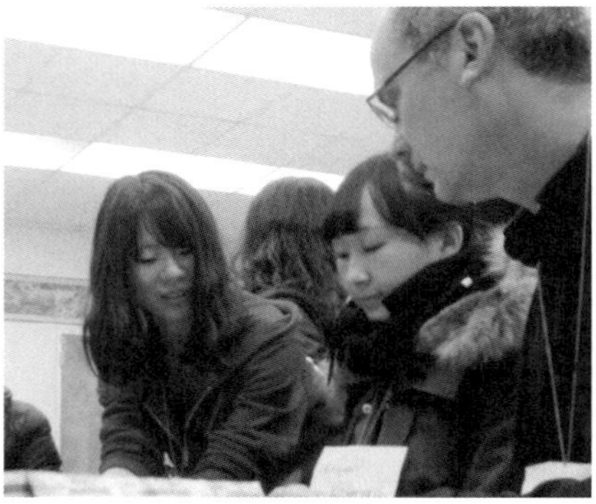

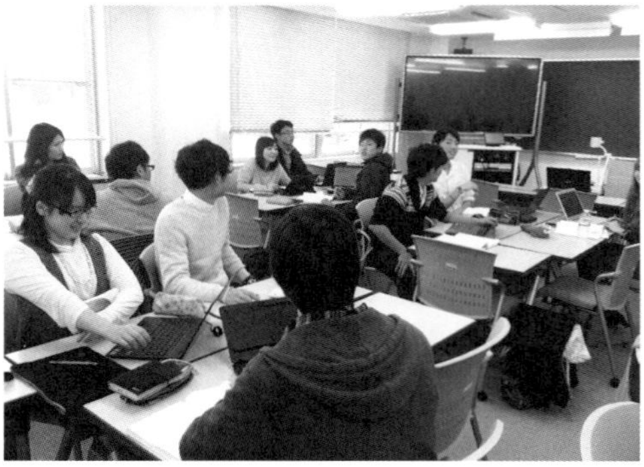

クラス外ワーク

1. Step 2 で行われたミニ・パネル・ディスカッションの1つを取り上げて，良かった点と改善すべき点を 300 words 程度の英文でまとめ，指定された Web サイトにアップしておきましょう．(1) 論点（絞れていたか），(2) 準備（できていたか），(3) 内容（充実していたか），(4) 進行（時間配分を守り全員ができたか），(5) デリバリー（発音，補助資料の効果的な提示など）の5項目を中心に吟味して書きましょう．
2. UNIT 11 より最終発表の準備に入ります．これまで行ったミニ・ディベートとミニ・パネル・ディスカッションを踏まえて，グループごとにディベートにするかパネル・ディスカッションにするか最終発表の方法を考えておきましょう．
3. 最終発表に向けて，データの整理等の作業を分担し，グループでリサーチを進めましょう．

Memorandums

UNIT 11

Group project and presentation
Preparation for final presentation
最終発表の準備（1）

UNIT 11 では次のことをします．

1. グループで最終発表の方法を考えます．

クラスワーク

Step 1

PART I では，ディスカッションの手法としてディベートとパネル・ディスカッションを取り上げました．以下 1～4 の手順で，テーマを効果的にディスカッションできるよう最終発表の準備をしてみましょう．

1. パネル・ディスカッションとディベートの長所をもう一度確認します．

   > （1）ディベート
   >   Pro/Con で 2 項対立的な問題を扱うのに効果的である．
   >   論点が明白で整理しやすく理解しやすい．
   >   賛否・是非をめぐって明確な結論を出しやすい．
   > （2）パネル・ディスカッション
   >   Pro/Con の 2 項対立ではなく多面的に問題を扱うのに効果的である．
   >   議論の運び方次第で，新たな論点を発掘できる．
   >   様々な主張を取り入れて，多面的な解決策を提示できる．

2. 次に，最終発表のフォーマットを考えます．以下の 4 つが考えられます．グループごとに最も効果的な形式を選びましょう．各グループの持ち時間は 30 分から 40 分にまとめます．

   > （1）持ち時間全てディベートをする．
   > （2）持ち時間全てパネル・ディスカッションをする．
   > （3）持ち時間を前・後半に分け，前半でディベート，後半でパネル・ディスカッションをする．
   > （4）持ち時間を前・後半に分け，前半でパネル・ディスカッション，後半でディベートをする．

3. 具体的にどのように展開するかその概略を考えます．

4. 最後に発表の際の役割分担を考えます．ディベートの場合は，Moderator, Pro team, Con team を，パネル・ディスカッションの場合は Moderator と Panelists を決定し，それぞれのメンバーが論点を整理し，どのような視点で議論を展開するか考えます．いずれの形態でも，Moderator はテーマ全体を調べ，また，各メンバーがどのような論点で議論を展開するか把握しておきましょう．

Memorandums

Tip

ディベートにおいてもパネル・ディスカッションにおいても，論点をサポートするリサーチ資料を分析し，図表を使い説明するなど，視覚的にも訴える効果的な発表方法を考えてみましょう．また，見なければ理解できないない物事を口頭のみで表現するのは不可能です．「百聞は一見に如かず」と言われるように，スクリーンに効果的な映像を流しながら説明を加えると効果的です．図表も映像も自分で作成したものを使えれば最善ですが，他人が作成したものを使用する場合はきちんと引用しましょう．

Step 2

各グループ10分程度で，Step 1 で話し合った内容を英語で発表します．どのような論点をどのように議論し，誰がどのような役割を担当するか，Moderator を中心にして，他のグループに分かりやすく説明してみましょう．書いたものを読まずに発表してみましょう．

Memorandums

クラス外ワーク

1. Step 2 で発表した内容をもう一度整理し，各自 250 words 程度の英文でまとめ，指定された Web サイトにアップしておきましょう．
2. グループごとに，各メンバーの役割分担を踏まえて最終発表の準備を進めましょう．

Memorandums

UNIT 12

Group project and presentation
Preparation for final presentation
最終発表の準備（2）

UNIT 12 では次のことをします.

1. アウトラインと議論の内容を再考して最終発表の準備を続けます.

クラスワーク

Step 1

グループごとに UNIT 11 のクラス外ワークで各自がまとめた意見を話し合い, 最終発表のアウトラインを固め, どのように議論を展開するか英語で書いてみましょう.

Memorandums

Step 2

Step 1 で話し合った内容について，各グループが Moderator を中心に 3 分程度の発表を行います．クラス全体の Moderator を 1 人選び，進めてみましょう．

Memorandums

Step 3

グループごとに代表者 1 名を選び，選ばれた代表者は他のグループに一時的に参加します．それぞれのグループは，別のグループからきた代表者に，最終発表のアウトライン，内容，データ，議論の展開について説明します．代表者は Audience の立場をとりコメントします．グループごとに受けたコメントを踏まえて最終発表の概要を英語で書いてみましょう．

Memorandums

Step 4

開会と閉会の表現を学びましょう．

1. 開会を宣言する．

    I would like to extend a heartfelt welcome to all of you.
    It is a great honor to greet you as Chair.
    First I would like to express my gratitude to all the participants.
    I declare this conference is now open.

2. 閉会を宣言する．

    I would like to thank you for participating in the session today.
    Thank you that's all for today. I am happy to report that we have completed all the items on our agenda.
    Since we have completed all the proposed agenda, the session will be closed now.

Memorandums

Tip

発表の全体像を分かりやすく示すハンドアウトを作り，Audience に発表の前に配布しましょう．スライドで資料を提示するだけでは，Audience は情報を追うことに集中してしまい，肝心なメッセージの全体像を見失います．議論の展開を要点とともに簡潔に記したハンドアウトを提示することにより，ポイントを絞った発表が可能になるでしょう．ハンドアウトには次のような項目を記載するとよいでしょう．

1. ディベートの論題，または，パネル・ディスカッションのテーマ
2. メンバー（ディベートの場合は Pro/Con に分ける．個々のメンバーのテーマも記載する．）
3. 論点や切り口を示すアウトラインなど
4. 難しい用語の説明
5. 資料，データ，図表

クラス外ワーク

1. Step 3 で議論した内容を再考し，メンバー各自が担当する部分を 200 words 程度の英文でまとめ，指定された Web サイトにアップしておきましょう．
2. 最終発表で使用するマルチ・メディアの資料を再考し，説得力のある効果的な提示方法をグループで考えてみましょう．
3. 最終発表に向けて各グループでリハーサルをしてみましょう．特にマルチ・メディア資料を使う場合はどのように使うか練習しておきましょう．

　※リハーサルについては UNIT 13 で詳しく扱います．

Memorandums

UNIT 13

Group project and presentation
Preparation for final presentation
最終発表の準備（3）

UNIT 13 では次の2つのことをします．

1. 最終発表の論点，展開，補助資料の最終チェックをします．
2. リハーサルをします．

クラスワーク

Step 1

グループごとに，各メンバーによるリサーチの進捗状況を報告します．その後，ディベートまたはパネル・ディスカッションの特徴を念頭に，各メンバー1分程度でリハーサルを行います．論点，展開，スライドなどの補助資料につき最終チェックをしましょう．

Memorandums

> **Tip**
> 次の事を念頭に入れて最終発表の準備をしてみましょう.
> 1. いかなる形の発表にも当てはまることですが, いつ (when), どこで (where), 誰に (whom), 何を (What), なぜ／何のために (why), いかに (how) 発表するのかを踏まえて的確にメッセージを伝えます.
> 2. 時間の長短に関わらず起承転結がしっかりとした発表をすることを心掛けます. Introduction と Conclusion に全体の 5〜10% そして Main body に 80〜90% として, 1 つの Main idea につき 5 分が目安です. 各メンバーが短時間で効率よく異なった角度から手際よく発表してみましょう.
> 3. 補助資料のスライド 1 枚につき 1 分程度が目安とすると, 5 分の発表では 5 枚程度が必要になります.
> 4. スライドは, 発表中はキュー (cue) として使用するので, ポイントを絞り見易く簡潔にします. 原稿の一部をそのまま貼りつけたものは効果を激減させます.
> 5. それぞれが他のグループ・メンバーの前で時間を計り, スライドを使って声を出しながら練習してみましょう. 不明瞭な表現, 発音, スライドの使い方についてコメントしてもらいましょう.

Step 2

グループごとに前に出て, リハーサルを行ってみましょう. 各グループ 5 分程度です. 当日使用する予定のスライド, 配布資料を用います. また座る位置や机・機材の配置等も最終発表と同じようにして行ってみましょう. なおディベートの場合は, 全体を統括する Chair を 1 人選びましょう. それぞれのグループの Moderator が発表をリードします. パネル・ディスカッションの場合は, Moderator が Chair の役割も兼ねることを念頭に入れましょう. 各グループの発表が終わったら, Chair は簡単な質疑応答のセッションを開きます. Audience は発表の仕方についてアドバイスがあれば, 積極的にコメントしてみましょう.

Memorandums

Step 3

グループごとにリハーサルをして気づいた事を話し合い，最終発表の準備を続けましょう．特に使用する発表用の資料については，適切な表示や説明ができるようしっかりと話し合っておきましょう．

Memorandums

クラス外ワーク

1. 全グループ最終発表の準備をしましょう.
2. UNIT 14 で発表するグループは, 使用する補助資料を完成させて指定された Web サイトにアップしておきましょう. プレゼンテーション用スライドはグループごとに一つにまとめて提出します.
3. Term paper を書き始めましょう. この学期の成果を Term paper として提出します. グループごとに, 各メンバーの Term paper を一つにまとめて UNIT 15 で提出します. 以下のフォーマットに従って提出します.

グループの全体のテーマを書く.	
目次（Table of Contents）	グループの各メンバーが担当したサブ・テーマをリストし, 氏名を明記する.
序論（Introduction）	グループ全体で話し合って書く.
本論（Main body）	グループのメンバーがそれぞれ 1000 words 程度書く. 4 名の場合は 4000 words 程度書く.
結論（Conclusion）	グループ全体で話し合って書く.
編集後記	グループ活動の報告を 1〜2 ページ程度にまとめて書く. 役割分担を明記する.

Memorandums

UNIT 14　Final group presentation
【最終発表】グループ・プレゼンテーション（1）

> **UNIT 14**では次の2つのことをします．
> 1. Volume 1のPART IとPART IIおよびVolume 2のPART Iで学んだ事を踏まえて，グループ・プロジェクトの成果の最終発表をします．
> 2. 他のグループの発表を評価し，PART IIのアカデミック・プレゼンテーションの参考にします．

クラスワーク

Step 1

以下の要領でグループごとに最終発表をします．

1. UNIT 14とUNIT 15では，それぞれ2〜3のグループが発表します．
2. それぞれのグループに割り当てられた時間は，35分から40分です．
3. フォーマットおよび進行方法は，Debateの場合はUNIT 5を，Panel Discussionの場合はUNIT 8を参照しましょう．各グループのModeratorが司会，進行，意見調整を含む全活動の統括をします．
4. クラス全体の総合司会者（Chair）1名，Timekeeperを1名，IT assistantsを2名選び，それぞれクラス全体の司会進行（UNIT 5, UNIT 8参照），進行の管理，IT関連のサポートをします．
5. Debate Evaluation SheetまたはEvaluation Sheet for Panel Discussionを用意し，発表者以外は全員が評価し，コメントを書きます．
6. 以下の表に記入しましょう．Debateをする場合は1を，Panel Discussionにする場合は2を，併用する場合は3に○をつけましょう．

Chair _____

Time keeper _____

IT assistants _____

Group 1 (1. Debate 2. Panel Discussion 3. Blended)

Title _____

Moderator _____

Speaker 1 _____

Speaker 2 _____

Speaker 3 _____

Speaker 4 _____

Speaker 5 _____

Group 2 (1. Debate 2. Panel Discussion 3. Blended)

Title _____

Moderator _____

Speaker 1 _____

Speaker 2 _____

Speaker 3 _____

Speaker 4 _____

Speaker 5 _____

Group 3 (1. Debate 2. Panel Discussion 3. Blended)

Title _____

Moderator _____

Speaker 1 _____

Speaker 2 _____

Speaker 3 _____

Speaker 4 _____

Speaker 5 _____

7. Audience は，それぞれの発表に対して Debate Evaluation Sheet か Evaluation Sheet for Panel Discussion に英語でコメントを書きましょう．

Memorandums

クラス外ワーク

1. UNIT 15 で最終発表するグループはその準備を続けましょう．補助資料を完成させ，指定された Web サイトにアップしておきましょう．プレゼンテーション用スライドはグループごとに一つにまとめて提出しておきましょう．

2. UNIT 15 で Term paper を提出します．グループごとに Term paper をまとめて指定された Web サイトにアップしましょう．ハードコピーを 1 部提出して下さい．

Memorandums

UNIT 15　Final group presentation
【最終発表】グループ・プレゼンテーション（2）

> **UNIT 15**では次の3つのことをします．
> 1. UNIT 14に引き続き，最終発表を行います．Volume 1のPART I, PART II, Volume 2のPART Iで学んだことを活かして成果を発信します．
> 2. 他のグループの発表を評価し，PART IIで行うアカデミック・プレゼンテーションの参考にします．
> 3. Term papersのハードコピーをグループごとにまとめて提出します．

クラスワーク

Step 1

以下の要領でグループごとに最終発表をします．

> 1. 残りの2〜3のグループが発表します．
> 2. それぞれのグループに割り当てられた時間は，35分から40分です．
> 3. フォーマットおよび進行方法は，Debateの場合はUNIT 5を，Panel Discussionの場合はUNIT 8を参照しましょう．各グループのModeratorが司会，進行，意見調整を含む全活動の統括をします．
> 4. クラス全体の総合司会者（Chair）1名，Timekeeperを1名，IT assistantsを2名選び，それぞれクラス全体の司会進行（UNIT 5, UNIT 8参照），進行の管理，IT関連のサポートをします．
> 5. Debate Evaluation SheetまたはEvaluation Sheet for Panel Discussionを用意し，発表者以外は全員が評価し，コメントを書きます．
> 6. 以下の表に記入しましょう．Debateをする場合は1を，Panel Discussionにする場合は2を，併用する場合は3に○をつけましょう．

Chair _____

Time keeper _____

IT assistants _____

Group 1 (1. Debate 2. Panel Discussion 3. Blended)

Title _____

Moderator _____

Speaker 1 _____

Speaker 2 _____

Speaker 3 _____

Speaker 4 _____

Speaker 5 _____

Group 2 (1. Debate 2. Panel Discussion 3. Blended)

Title _____

Moderator _____

Speaker 1 _____

Speaker 2 _____

Speaker 3 _____

Speaker 4 _____

Speaker 5 _____

Group 3 (1. Debate 2. Panel Discussion 3. Blended)

Title _____

Moderator _____

Speaker 1 _____

Speaker 2 _____

Speaker 3 _____

Speaker 4 _____

Speaker 5 _____

> 7. Audience は，それぞれの発表に対して Debate Evaluation Sheet か Evaluation Sheet for Panel Discussion に英語でコメントを書きましょう．

Memorandums

8. 全部の最終発表終了後，グループごとに term papers を提出します．

PART II

ADVANCED PROJECT, ACADEMIC WRITING AND PRESENTATION

UNIT 16

Advanced project, academic writing and presentation
What is an advanced project?
アドバンス・プロジェクトとは

> **UNIT 16** では次の2つのことをします．
> 1. Advanced project, academic writing, academic presentation の全体像を理解します．
> 2. Advanced project のテーマについてディスカッションします．

クラスワーク

Step 1

PART Ⅱの全体像を把握してみましょう．Volume 1 の PART Ⅰ, PART Ⅱ, Volume 2 の PART Ⅰ での成果をもとに，PART Ⅱでは Advanced project を行い，専門分野で必要な Academic Writing と Academic presentation の基本を学びます．Advanced project は個人で行ってもグループで行っても構いません．終了時には，各自 1500～2000 words 程度の英文で Term paper を書き，それについて 10 分程度で発表します．グループで行う場合でも，各自 1500～2000 words 程度の英文で Term paper を書いて 10 分程度の発表をします．PART Ⅱ の大きな活動項目とそれぞれに割り当てられた UNIT は以下のとおりです．

1. Advanced project のアイディアを絞る → UNIT 18, 19
   (1) Free writing を通してアイディアを練る → UNIT 18
   (2) 情報を集める → UNIT 19
2. Term paper のドラフトを書く → UNIT 20, 21, 22, 23, 24, 25, 26
   (1) 序論を書く → UNIT 20
   (2) 本論を書く → UNIT 21, 22, 23
   (3) 結論を書く → UNIT 24
   (4) 校正と参考文献 → UNIT 25
   (5) アブストラクトを書く → UNIT 26
3. Academic presentation の準備をする → UNIT 27
4. Academic presentation を行う → UNIT 28, 29, 30
5. Term paper を提出する → UNIT 30

Memorandums

> **Tip**
>
> ここで紹介する Advanced project の一連のプロセスは，学術学会や企業で展開されるプロジェクトに対応しています．例えば学術学会に研究発表を申し込み，採択され，発表し，最終 Paper を提出するまでのおおよそのプロセスは以下の通りです．まず学術学会等が研究発表を募集します (Call for papers)．1. 研究者は，提出期限内にプロポーザルを書き，応募します．学術学会はその中からいくつかを採択します．2. 採択された場合，研究者は各学会の形式（スタイル）に沿って学会提出用の Paper を執筆します．3. 研究者は発表日までに Paper を書き終え，それに基づいて学会発表を行います．4. 通常，発表に続き質疑応答がありますが，質問やコメントに答えるべく Paper を修正し，学術学会に提出します．5. 学術学会の編集部は提出された Paper を読み，再度コメントをします．6. 研究者はそのコメントを念頭に入れてもう一度練り直し，編集部に提出します．こうしたやり取りが繰り返されて Paper が完成し，学術雑誌に掲載されます．PART II の内容は 1～4 のプロセスに対応しています．
>
> 1. 学術学会にプロポーザルを書いて提出する ➡ UNIT 18, 19
>   ↓
>   （プロポーザルが審査され，採択される）
>   ↓
> 2. 学術学会用の Paper を書く ➡ UNIT 20, 21, 22, 23, 24, 25, 26
>   ↓
> 3. 学術学会で発表する ➡ UNIT 27, 28, 29, 30
>   ↓
> 4. Paper を提出する ➡ UNIT 30
>   ↓
> 5. コメントを入れた Paper を受け取る
>   ↓
> 6. 校正した Paper を提出する
>   ↓
> 7. 学術学会発行のジャーナルに掲載される

Step 2

Step 1 を踏まえて，PART II で行うプロジェクトのテーマについて考えてみましょう．全員が席を立ち自由に移動しながら，Volume 1 の PART I, PART II, Volume 2 の PART I で行ったプロジェクトにつき意見交換をします．以下のことに注意してください．

1. プロジェクトのテーマは UNIT 17 の終了時までに決めます．
2. グループで行うか個人で行うかは，それぞれのテーマの特性を十分に理解した上で判断しましょう．クラス全体がグループで行うか，個人で行うかを決めるのではなく，ある人たちは個人で，ある人たちはグループで行います．
3. グループで行う場合は，お互いが協力しテーマの調整などをする必要があります．グループの適正な規模を考え，グループで行う強みを活かせるよう考えてみましょう．
4. PART II のキーワードは "Academic" です．成果を Academic Writing/Presentation として発信しますが，これまでと同様に，各自の興味・関心に基づくテーマがよいでしょう．

Memorandums

Step 3

Step 2 を踏まえて，どのような Advanced project を行うか，各自 200 words 程度の英文で書いてみましょう．文法，語彙，表現に注意して書いてみます．

Memorandums

クラス外ワーク

1. Step 3 で行った活動を踏まえ，現時点で考えている Advanced project の内容を 200 words 程度の英文でまとめ，指定された Web サイトにアップしておきましょう．
2. 他のメンバーが提出したものを読み，コメントしてみましょう．グループでプロジェクトを行う場合は，共通の問題意識を持つメンバーを探して意見交換をしてみましょう．

Memorandums

UNIT 17

Advanced project, academic writing and presentation
What is academic writing?
アカデミック・ライティングとは

UNIT 17では次の2つのことをします．

1. 様々なライティング・スタイルを比較し，アカデミック・ライティングについて理解を深めます．
2. プロジェクトのテーマを決めてどのように展開するかディスカッションします．

クラスワーク

Step 1

UNIT 16のクラス外ワークをもとに，これまでに各自が取り組んだプロジェクトを踏まえ，PART IIでどのようなプロジェクトを行うかを考えます．2分程度で発表できるよう準備しましょう．

Memorandums

_____
_____
_____
_____
_____
_____
_____
_____
_____
_____
_____
_____

Step 2

自己紹介も含め，1人2分程度でどのようなプロジェクトを行うか発表してみましょう．他の人の発表を聞きながらメモを取り，グループ作りの参考にしてみましょう．Moderator を1人選びましょう．

Memorandums

_____
_____
_____
_____
_____
_____
_____
_____

Step 3

PART II ではアカデミック・ライティングの基礎を学び，1500～2000 words 程度の英文の Term paper を書きます．まずアカデミック・ライティングとは何か，他のスタイルのライティングを比べてみましょう．下記の例は，1. Personal e-mail，2. 電子版新聞の中のエッセイ，3. 学術書からの抜粋です．グループでライティング・スタイルの違いについて気がついたことを話し合ってみましょう．

---

1. Personal e-mail

Hi, everyone.
Yummy food from Gurkhas in tearoom.
To eat this afternoon.
Might taste best if microwaved.
Anne

---

2. 電子版新聞の中のエッセイ

The New York Times — Breaking News, World News & Multmedia Op-Ed Columnis
（http://www.nytimes.com/pages/opinion/index.html）

The Philosophy of Data By DAVID BROOKS Published: February 4, 2013

If you asked me to describe the rising philosophy of the day, I'd say it is data-ism. We now have the ability to gather huge amounts of data. This ability seems to carry with it certain cultural assumptions — that everything that can be measured should be measured; that data is a transparent and reliable lens that allows us to filter out emotionalism and ideology; that data will help us do remarkable things — like foretell the future. Over the next year, I'm hoping to get a better grip on some of the questions raised by the data revolution: In what situations should we rely on intuitive pattern recognition and in which situations should we ignore intuition and follow the data? What kinds of events are predictable using statistical analysis and what sorts of events are not? I confess I enter this in a skeptical frame of mind, believing that we tend to get carried away in our desire to reduce everything to the quantifiable. But at the outset let me celebrate two things data does really well. First, it's really good at exposing when our intuitive view of reality is wrong. For example, every person who plays basketball and nearly every person who watches it believes that players go through hot streaks, when they are in the groove, and cold streaks, when they are just not feeling it. But Thomas Gilovich, Amos Tversky and Robert Vallone found that a player who has made six consecutive foul shots has the same chance of making his seventh as if he had missed the previous six foul shots. ※ 一部抜粋

3. 学術書

"Personality and intelligence: psychometric and experimental approaches." H. J. Eysenck. *Personality and Intelligence*. Edited by Robert J. Sternberg and Patricia Ruzgis. 1994. Cambridge University Press.

It is usually taken for granted that the structure of intelligence is defined in terms of factorial investigation of correlations between tests. Thus, many studies have been done of the Wechsler scales (Maxwell, 1960; Canavan, Duan, and McMillan 1986), extending to abnormal groups, such as patients with unilateral cerebral lesions (Warlington, James, and Maciejewlski, 1986) and in many different countries (eg., Dargo, Daum, and Canavan, 1991) with similar results. Based on this assumption, we now have in addition to g some two dozen "primary factors" of intelligence, derived from many different tests (Eysenck, 1979). Similarly, the analysis of matrices of correlation between items of personality questionnaires, or of personality scales themselves, has given rise to numerous factors (Eysenck, 1970) Are these procedures justified?

※ P7より一部抜粋. 文中の (Eysenck, 1979) のような括弧内の名前と年号は, この論文の最後にリストしてある参考文献中の Eysenck が 1979 に発表した *The Structure and Measurement of Intelligence*. (Springer 社発行) という研究書を指す.

Memorandums

クラス外ワーク

1. Step 2 の発表を踏まえて,どのようなプロジェクトを行うか現時点で分かっていることを各自 150 words 程度の英文でまとめ,指定された Web サイトにアップしておきましょう.
2. Step 3 で話し合ったライティングのスタイルの違いについて気づいたことを 100 words 程度の英文でまとめ,指定された Web サイトにアップしておきましょう.

Memorandums

UNIT 18

Advanced project, academic writing and presentation
Prewriting – getting an idea through free writing
Free writing を通してアイディアを練る

UNIT 18 では次の2つのことをします.

1. Prewriting の方法を学びます.
2. Prewriting を通してプロジェクトのアイディアを練り, 論点を整理します.

クラスワーク

Step 1

Prewriting の方法を学びましょう.

1. Prewriting
Prewriting をしてアイディアを生成します. アカデミック・ライティングには, それに相応しいアイディアが必要です. まず, アイディアを創り, 練り上げる必要があります. その最初のステップが Prewriting です. Prewriting をすることによって, Advanced project の構想を練ることができます. Prewriting とは, 自らで考えてアイディアを練る, 情報を集めてアイディアを広げる, 他の人とディスカッションしてアイディアを深める, アウトラインを練ってアイディアをまとめる等, ライティングを始める前の全ての活動を指します. そうした Prewriting の1手法としてとして Free writing があります.

2. Free writing
アイディアを練るには様々な方法があります. Volume 1 の PART I, PART II, Volume 2 の PART I では, ディスカッションやインターネットを使い関連情報を集めてアイディアを練りました. この UNIT では Free writing を通してアイディアを練ります. 以下の手順に従って Free writing を行ってみましょう.

(1) 次の[例]にならい, **Memorandums for (1)** に頭に浮かんだことを5分程度で書いてみましょう. トピックに関連することであれば何でも構いません. 整合性があるか, 文法の間違いがあるか等を気にせず書いてみましょう.

[例]

Music, healing. Music heals us quite often, I think.

I read an interesting article in a magazine. I don't remember its title.

Some scientists did an experiment. They let plants listen to all kinds of music. Of course, I am not sure plants can listen to music, but he said they grew better with easy-listening music on.

Interesting! Maybe some kinds of music have healing power or power to let even plants grow.

I also heard that some patients with coma showed slight reactions to music. Amazing!

Since I like all kinds of music, I am going to check what music can do to make us feel better.

Memorandums for (1)

(2) 下記の例にならい，(1)で書いたものの中で比較的意味があると思われる文やフレーズを探して，**Memorandums for (2)** に書いてみましょう．

[例]
Music heals us.
an interesting article in a magazine.
an experiment. Let plants "listen to" different kinds of music.
they grew better with easy-listening music on.
some patients with coma showed slight reactions to music.

Memorandums for (2)

(3) 上記(1)と(2)の作業を繰り返し，**Memorandums for (1)** と **Memorandums for (2)** 欄にアイディアを付け足します．この作業を繰り返すうちにトピックに関するいくつかの切り口が見つかります．

(4) 書き終えたら，ここまで書いたものを見直します．
　　1) 選んだトピックを念頭におき，興味が持てそうな点とそうでない点を選別して書き出します．
　　2) 説明にくそうな点には，オリジナリティが潜みます．探して書き出します．
　　3) これまで行ってきたプロジェクトも考慮に入れて，今回の Term paper の展開を考えて書き出してみましょう．
　　4) Term paper のテーマを再考し，ポイントを鮮明にします．

Step 2

Step 1 で書いたものをグループで意見交換をしてみましょう.

Memorandums

Moderator _____
_____

Speaker 1 _____
_____

Speaker 2 _____
_____

Speaker 3 _____
_____

Speaker 4 _____
_____

Speaker 5 _____
_____

Step 3

意見交換をした後, グループごとに 1 名を選び前に出て発表します. 各グループの Moderator による紹介から発表を始めましょう. ※ UNIT 20 では, UNIT 18 で行った Free writing を使います.

Memorandums

Moderator _____
_____

Speaker 1 _____
_____

Speaker 2 _____
_____

Speaker 3 _____
_____

Speaker 4 _____
_____

Speaker 5

> ## Tip
> ### テーマを深める
> 自分が取り上げたいトピックがある程度見えてきたところで，次にそのトピックを深めます．トピックについて様々な角度から検討することによりアイディアは深まり，ライティングの構成材料を準備することができます．マサチューセッツ工科大学（Massachusetts Institute of Technology 通称 MIT）のアカデミック・ライティングのページ（http://www.swarthmore.edu/Documents/academics/writing/Online%20Student%20Resources/MIT%20-%20Generating%20Ideas-3.doc）では，"Generating Ideas"と題して，Cubing と Listing の 2 つの方法を紹介しています．
>
> 1. Cubing（キュービング）
> トピックはある程度決まっても，それについて何を述べたらよいのかはっきりしない時に用いる方法です．紙やノートを用意し，その上の部分にトピックを書きます．そして以下の質問に英語で答えます．最低 5 分以上の時間を決めて，Free writing と同様，手を止めることなくそれぞれの質問に回答します．
>
>   (1) Describe it（それについて記述する）
>   (2) Compare it（それについて比較する）
>   (3) Associate it（それを関連づける）
>   (4) Tell how it is made（それがどのようにしてなされたのか／つくられたのか説明する）
>   (5) Apply it（それを応用する）
>   (6) Argue for or against it（それに対して賛成／反対の立場で議論する）
>
> 2. Listing（リスティング）
> Listing はそのトピックに関連するアイディアを生み出し，アイディアとアイディアの間に潜む関連性を見つけ出す方法です．ノートを準備し，上の部分にトピックを書きます．そしてトピックに関連する単語や句を思いつくままに書きます．書き終えたらリストを注意深く観察します．そして関係するであろうと思える語や句をグルーピングしましょう．必要に応じて語や句を追加・削除します．一通りグルーピングができたら，どのような関連性でグループが成立したのか，グループごとに記述します．それぞれのグループは，ライティング中のパラグラフやセクションを構成し，Major ideas や Minor ideas となります．上述のサイトに，"apple"というトピックをめぐって Listing のグルーピングについての例示があります．参照してみましょう．

クラス外ワーク

1. 自分のテーマに関連する本, 論文, 雑誌, インターネット記事の中から 3 点以上を集めておきましょう. タイトル (Title), 作者 (Author), 出版社 (Publisher), 出版の場所と日付 (Place and date of publication) を調べ, リストしておきましょう.
2. 集めた資料の中から 3 点を読み, それぞれ 80 words 程度の英文で要約し, 指定された Web サイトにアップしておきましょう. ※ UNIT 19 で上記の要約を使います.

Memorandums

UNIT 19

Advanced project, academic writing and presentation
Prewriting – gathering information
情報を集める

> **UNIT 19** では次の2つのことをします．
> 1. テーマに関連する情報の整理をしてリストを作成します．
> 2. リストした情報に要約をつけ，参考資料としてライティングに使用できるようにします．

クラスワーク

Step 1

UNIT 18 のクラス外ワークで集めた資料の要約につきグループごとにディスカッションして，プロジェクトのアイディアを練りましょう．

Memorandums

Moderator _____
_____

Speaker 1 _____
_____

Speaker 2 _____
_____

Speaker 3 _____
_____

Speaker 4 _____
_____

Speaker 5 _____
_____

Step 2

各グループ1名が前に出て，Step 1のディスカッションの内容を発表しましょう．各グループのModeratorが発表者を紹介します．

Memorandums

Moderator _____
_____

Speaker 1 _____
_____

Speaker 2 _____
_____

Speaker 3 _____
_____

Speaker 4 _____
_____

Speaker 5 _____
_____

Step 3

情報を一通り集め終えたら，次のステップとしてそれらを整理します．これまでに集めた資料はアイディアを深めるヒントになると同時に，参考資料として引用されライティングの一部になるはずです．それぞれの資料を簡潔にまとめておくことは，Term paperを書く一連のプロセスにおいて必要不可欠な作業です．Step 1とStep 2のディスカッションを踏まえ，集めた資料をもう一度見直し，以下の項目に沿って30 words程度の英文で情報を整理してみましょう．Volume 1のPART IIのUNIT 26で学んだサマリーの書き方を参考にして効果的なサマリーを書いてみましょう．

資料1

Title: _____

Author(s): _____

Publisher: _____

Year: _____

Summary: _____

_____

_____

_____

_____

Comment: _____

_____

_____

資料2

Title: _____

Author(s): _____

Publisher: _____

Year: _____

Summary: _____

_____

_____

_____

_____

Comment: _____

_____

_____

資料3

Title: _____

Author(s): _____

Publisher: _____

Year: _____

Summary: _____

_____

_____

_____

_____

Comment: _____

_____

_____

資料4

Title: _____

Author(s): _____

Publisher: _____

Year: _____

Summary: _____

_____

_____

_____

_____

Comment: _____

_____

_____

Tip
このUNITでは記事や文献の情報を整理しましたが，準備した全文献にこのようなメモをつける必要があります．この後のUNITでもさらに参考資料を収集してリストに追加しましょう．

Memorandums

クラス外ワーク

1. Step 3 で書き始めた要約を完成させ，指定された Web サイトにアップしておきましょう．

2. これまで集めてきた資料，または，新たに集める資料から 1 点を選び，パラグラフごとにアイディアがどのように展開されているかを分析して 100 words 程度の英文で要約し，指定された Web サイトにアップしておきましょう．

3. UNIT 20 では Term paper の序論を書きます．UNIT 16 から UNIT 19 までの間に考えたこと記録したことを踏まえて，Volume 1 の PART II の UNIT 27 を参照し，Term paper のアウトラインを考えておきましょう．

Memorandums

UNIT 20

Advanced project, academic writing and presentation
Drafting — writing the introduction
序論を書く

UNIT 20では次の4つのことをします．

1. それぞれが集めた資料の構成を分析します．
2. Term paperの構成を学び，アウトラインを書きます．
3. 序論（Introduction）の書き方を学びます．
4. 必要な表現を学び，序論を書きます．

クラスワーク

Step 1

UNIT 19のクラス外ワークで分析した資料についてグループで発表し，意見を交換しましょう．

Memorandums

Moderator _____

Speaker 1 _____

Speaker 2 _____

Speaker 3 _____

Speaker 4 _____

Speaker 5 _____

Step 2

グループごとに前に出て，Step 1 で話し合ったことを発表します．各グループの Moderator が発表者を紹介します．

Memorandums

Moderator _____
_____

Speaker 1 _____
_____

Speaker 2 _____
_____

Speaker 3 _____
_____

Speaker 4 _____
_____

Speaker 5 _____
_____

Step 3

序論を書く前に，まず Paper の構成についておさらいしましょう．Volume 1 の PART II の UNIT 27 で Presentation のアウトラインとともにその構成について学びましたが，Term paper も下図のように Introduction（序論），Main body（本論），Conclusion（結論）で構成されます．PART II では，1500〜2000 words の Term paper を書きます．配分の目安は Introduction が 10%，Main body が 80%，Conclusion が 10% です．1 つのパラグラフを 250 words 程度とした場合，Introduction に 1 パラグラフ，Main body に 3〜4 パラグラフ，Conclusion に 1 パラグラフ，という配分が目安になります．

Introduction
全体の 10%程度
1 パラグラフ

Main body
全体の 80%程度
3〜4 パラグラフ

Conclusion
全体の 10%
1 パラグラフ

このUNITでは序論を書きます．序論はTerm paperがどのような構成で，何をどのように論述するかを明示して，読者の興味を引く大切な導入部です．不明瞭な序論は読者の気を削いでしまいます．以下の5項目に注意しながら序論を書きましょう．5. にリストされているTerm paperの構成が序論の鍵をにぎる重要な部分です．Volume 1のPART IIのUNIT 27で学んだアウトラインの書き方を参照し，Term paperのアウトラインを書いて構成を練ります．UNIT 18のFree writingで書いたもの，UNIT 19で整理した資料等を参考に，ここでもFree writingから始めます．

1. テーマを取り上げた背景・経緯の説明
2. 問題の提示
3. Research projectの目的の記述
4. 方法論の提示
5. Term paperの構成

Memorandums

Tip
Term paperでは問題発見・解決に向けて，仮説の提示・検証などを行います．本論を書き終えてから，Step 3の5項目を練り直して序論を書く場合もあります．いずれにせよ，本論を書き上げたところでもう一度序論を見直してみます．

Step 4

序論で使用する下記の表現を学び，Step 3 を踏まえて 200 words 程度の英文で Term paper の序論を書いてみましょう．下線部には表現を入れて完成させましょう．

1. 引用する．
   According to the survey conducted by _____,
   _____
   Recent investigations on _____ have shown that
   _____
   Yamanaka（2007）demonstrates new advances in iPS cell research.

2. 研究背景を述べる．
   Over the last few decades, space technology has advanced rapidly.
   In the field of medical science, iPS cells have been considered to be one of the major discoveries in this century.

3. 問題を提起する．
   The question we consider here is whether or not _____
   _____
   What we are concerned with is a question of _____
   _____

4. リサーチの目的を述べる．
   The purpose of this research is to _____
   In this paper, I attempt to propose _____
   In this research, I intend to explore _____

5. 研究対象を限定する．
   I limit the discussion to _____
   We do not deal with _____
   We concentrate our efforts on _____

6. 方法論を提示する．
   We investigated _____ by using _____
   _____
   The following approach has been adopted to explore _____
   We conducted interviews with _____

Memorandums

クラス外ワーク

Step 4 の活動をもとに Term paper の序論を完成させ，指定された Web サイトにアップしておきましょう．次の授業に 1 部印刷して持参します．

Memorandums

UNIT 21

Advanced project, academic writing and presentation
Drafting – writing the main body
本論を書く（1）

UNIT 21 では次の3つのことをします．

1. UNIT 20 で書いた序論を修正します．
2. 本論を構成するパラグラフの書き方を学びます．
3. 本論を書きます．

クラスワーク

Step 1

グループ内でペアを組み，UNIT 20 のクラス外ワークで書いた Term paper の序論のコピーを交換し，本論で何が議論されるか，どのような議論の展開が予想されるかなどにつき指摘しあいながら，互いに修正する箇所をリストしましょう．

Memorandums

_____
_____
_____
_____
_____
_____
_____
_____
_____
_____

Step 2

Step 1 の議論を踏まえて，序論を修正します．これで序論のドラフトが完成します．完成したものに目を通して確認できたら，指定された Web サイトにアップしましょう．

Memorandums

Step 3

Volume 1 の PART II の UNIT 23 と UNIT 24 ではパラグラフを読んで分析し，そのサマリーを書きました．ここでは本論を書きます．本論は，いくつかのパラグラフで構成されています．UNIT 21, UNIT 22, UNIT 23 では，本論を構成するパラグラフを書きます．Volume 1 の PART II の UNIT 23 と UNIT 24 をおさらいしながら，パラグラフの構成をしっかり学んでみましょう．

> 一般的なパラグラフは以下の3つの部分から構成されます．
>
> 1. メイン・アイディア（中心的な考え）
> 2. サポーティング・アイディア（メイン・アイディアをサポートする例示など）
> 3. まとめ（パラグラフのまとめ）
>
> メイン・アイディアではパラグラフで主張したいことを書きます．メイン・アイディアは概して抽象的で，具体性に欠けるので説明が必要です．そこで，サポーティング・アイディアは事例を示すことにより，メイン・アイディアを補足します．まとめでは，このパラグラフを簡単にまとめます．次の例は，*Sociolinguistics: An Introduction to Language and Society* という本の一節です．以下の文章を読んで，メイン・アイディア，サポーティング・アイディア，まとめをどの部分が担っているか考えてみましょう．
>
> Language is not simply a means of communicating information. It is a very important means of establishing and maintaining relationships with other people. Everyone knows what is supposed to happen when two English people who have never met before come face to face in a train — they start talking about the weather. In some cases this may simply be because they happen to find the subject interesting. Most people, though, are not particularly interested in analyses of climatic conditions, so there must be other reasons for conversations of this kind. One explanation is that it can often be quite embarrassing to be alone in the company of someone you are not acquainted with and not speak to them. If no conversation takes place, the atmosphere can become rather strained. However, by talking to the other person about some neutral topic like the weather, it is possible to strike up a relationship without actually having to say very much. Train conversations of this kind — and they do happen, although not of course as often as the popular myth supposes — are a good example of the sort of important social function that is often fulfilled by language. Probably the most important thing about the conversation between our two English people is not the words they are using, but the fact they are talking at all.
>
> ※ Trudgill, P. (2001). *Sociolinguistics: An Introduction to Language and Society*. Penguin: USA より，一部編集箇所あり．

このパラグラフは以下のような構成になっています．

> 1. メイン・アイディア：言語は単に情報を伝えるだけの手段ではない．
>   "Language is not simply a means of communicating information."

2. メイン・アイディアの補足：言語は人間関係を作り，維持するための重要な手段である．

    "It is a very important means of establishing and maintaining relationships with other people."

3. サポーティング・アイディア：知り合いではない 2 人のイギリス人が電車の中で会うと天気の話をする．

    "two English people who have never met before come face to face in a train — they start talking about the weather."

4. 天気の話をするのは，天気に興味があるからではなく，話すことによって沈黙の気まずさから解放されるため，会話をしている．

    "Most people, though, are not particularly interested in analyses of climatic conditions, so there must be other reasons for conversations of this kind."

5. まとめ：この 2 人のイギリス人にとって重要なことは，話の内容ではなく，話しているという事実である．

    "Probably the most important thing about the conversation between our two English people is not the words they are using, but the fact they are talking at all."

Memorandums

> **Tip**
> Prewriting が，Paper の構想を練ることに使われるのは当然のこと，Paper の Introduction, Body, Conclusion の全てのステージにおいて，アイディアを引き出したり練り上げたりするのに有効です．本論の各パラグラフにおいても，まず，Free writing をして構想を練り書き始めます．

Step 4

メイン・アイディア，サポーティング・アイディア，まとめとパラグラフの構成要素が含まれるように UNIT 18 の Free writing で各自が書いた文章をもとに，Free writing をしながら，250 words 程度の英文でパラグラフを 1 つ書いてみます．

Memorandums

_____
_____
_____
_____
_____
_____
_____
_____
_____
_____
_____
_____
_____
_____
_____
_____
_____

> **Tip**
> 論文はとかく抽象的になり分かりにくくなりがちですが，具体例を中心としたサポーティング・アイディアとうまく組み合わせると明快なものになります．Volume 1 で関心事についてプロジェクトを行いましたが，自分のプロジェクトや他の人のプロジェクトを見返して具体例を探してみるのもよいでしょう．

クラス外ワーク

1. Step 4 の活動をもとに，Term paper の本論最初のパラグラフを 250 words 程度の英文で書き，指定された Web サイトにアップしておきましょう．次の授業に 1 部印刷して持参します．
2. Prewriting で固まったアイディアをもとに自分のリサーチをさらに進めましょう．

Memorandums

UNIT 22

Advanced project, academic writing and presentation
Drafting — writing the main body
本論を書く（2）

UNIT 22 では次の3つのことをします.

1. UNIT 21 のクラス外ワークである本論の最初のパラグラフを修正します.
2. 本論を書くために必要な表現を学びます.
3. 次のパラグラフを書きます.

クラスワーク

Step 1

グループ内でペアを組み, UNIT 21 のクラス外ワークで書いたパラグラフのコピーを交換して読み, お互いにコメントしましょう.

Memorandums

Step 2

Step 1 で得られたコメントを踏まえて，UNIT 21 のクラス外ワークを修正します．本論で使用する以下の表現を学び使って完成させ，指定された Web サイトにアップしましょう．

1. 定義する．
What is meant by _____ is that _____
We define _____ as _____
We regard _____ as _____
The word "reform" refers to the improvement of something.

2. 理由または根拠を述べる．
According to _____, _____
Based on _____, _____
That explains why _____
For this reason, _____
Considering that _____, _____
Allowing for the fact that _____

3. 前に言及したことを繰り返す．
As mentioned above, _____
As was discussed in the previous section, _____
As pointed out elsewhere, _____

4. 論点を設定する．
As for _____, _____
Talking about _____, _____
Speaking of _____, _____

5. これから言うことを簡単に説明する．
In the following analysis, we will focus on the situation where _____
In this section, I intend to _____

6. これまで言ったことをまとめる．
We can see from the ongoing discussion that _____
We need to remember that _____

> **Tip**
> 単語がどのように使われているかを知りたい場合，インターネットで簡単に調べることができます．例えば，inquire という動詞の用法を知りたければ，そのまま inquire と打ち込んで検索すると，この語の使い方を説明するサイトが表示されます．通学の途中でもインターネット接続があるスマートフォン等で簡単に調べて勉強できますので活用してみましょう．

Step 3

本論の次のパラグラフを書き始めましょう. Free writing から始めて 300 words 程度でパラグラフを 1 つ書いてみましょう. Step 2 で学んだ表現を使ってみましょう.

Memorandums

クラス外ワーク

1. Step 3 で書いたパラグラフを完成させ,指定された Web サイトにアップしておきましょう.次の授業に 1 部印刷して持参します.
2. Term paper のアウトラインを再チェックして完成させ,指定された Web サイトにアップしておきましょう.次の授業に 1 部印刷して持参します.

Memorandums

UNIT 23

Advanced project, academic writing and presentation
Drafting — writing the main body
本論を書く（3）

> UNIT 23 では次の2つのことをします．
> 1. 本論の残りのパラグラフを書き，本論のドラフトを書き終えます．
> 2. ここまでの成果を発表し，意見交換をします．

クラスワーク

Step 1

グループごとにペアになり UNIT 22 のクラス外ワークのアウトラインとパラグラフのコピーを交換して，読んでからお互いにコメントしましょう．

Memorandums

Tip

本論を書く時に,「調べる」,「自分の意見を述べる」,「説明する」に類する表現が必要になります. 以下の動詞表現を使ってみましょう.

調べる	investigate research inquire	look into question study	examine review	explore inspect
自分の意見を述べる	insist advocate	argue assert	maintain claim	postulate imply
説明する	show illustrate account for	tell point out review	describe indicate analyze	demonstrate explain

Step 2

本論の残りのパラグラフの構成を考え, 以下の余白に書いてみましょう. 本論の内容が不十分である場合は, パラグラフをもう一つ付け足すか, これまで書いたパラグラフに加筆するなどして, 本論を完成させましょう. **Free writing** から始めます.

Memorandums

Step 3

Step 2 で書いた内容を発表し，グループ内で意見交換をしましょう．

Memorandums

Moderator _____

_____

Speaker 1 _____

_____

Speaker 2 _____

_____

Speaker 3 _____

_____

Speaker 4 _____

_____

Speaker 5 _____

_____

Step 4

Step 3 で話し合った内容をもとに，これまでの成果を発表します．グループごとに 1 名選び，Moderator による紹介から始めましょう．

Memorandums

Moderator _____

_____

Speaker 1 _____

_____

Speaker 2 _____

_____

Speaker 3 _____

_____

Speaker 4 _____

_____

Speaker 5 _____

_____

クラス外ワーク

1. Step 2 で書き始めたパラグラフを完成させ本論を書き終え，指定された Web サイトにアップしておきましょう．1 部印刷して，次の授業に持参します．
2. アウトラインに照らして，これまでに書いた序論と本論をもう一度見直しておきましょう．

Memorandums

UNIT 24

Advanced project, academic writing and presentation
Drafting — writing the conclusion
結論を書く

> **UNIT 24** では次の3つのことをします.
>   1. 本論を修正します.
>   2. 結論 (Conclusion) の書き方を学びます.
>   3. 必要な表現を学び, 結論を書きます.

クラスワーク

Step 1

グループ内でペアを組み, UNIT 23 のクラス外ワークをもとに Term paper の本論を発表しましょう. 修正する箇所をリストしましょう.

Memorandums

Step 2

Step 1 でリストした箇所を修正します．これで本論のドラフトが完成します．もう一度チェックし確認して指定された Web サイトにアップしましょう．

Memorandums

_____
_____
_____
_____
_____
_____
_____
_____

Step 3

結論について学びましょう．結論は本論の議論をまとめます．序論との整合性に注意しましょう．以下の点に注意して結論の構成を考えましょう．

1. 議論の要約
2. リサーチの成果
3. 今回扱えなかった問題も含め，これからの課題の提示

それでは，結論で使用する以下の表現を学び，200 words 程度の英文で Term paper の結論を書いてみましょう．

1. 議論をまとめる．
   In this paper, we discussed _____
   The essential points are _____
   Briefly, _____
   In sum, _____
   We began by examining _____
   We have shown/looked at a number of _____

2. 方法論について再度言及する．
   My argument is based on _____
   In this study, we adopted _____ to examine _____

3. リサーチの成果を述べる.

   The results of the survey safely lead us to conclude that _____

   It should have become clear that _____

   The findings highlight the importance of _____

   In my opinion, the findings of this study reveal that _____

   This type of research is extremely important because _____

4. 残された今後の課題を言及する.

   Further research needs to be carried out to determine whether or not _____

Memorandums

クラス外ワーク

1. Step 3 の活動をもとに Term paper の結論を書き，指定された Web サイトにアップしておきましょう．
2. これまで書いた Term paper を読み，加筆・修正し，1 部印刷して次の授業に持参します．

Memorandums

UNIT 25

Advanced project, academic writing and presentation
Drafting — proofreading and putting references
校正と参考文献の作成

UNIT 25 では次の2つのことをします.

1. Term paper を校正します.
2. 参考文献 (References) を作成します.

クラスワーク

Step 1

以下の3点のチェックポイントを念頭に入れて原稿を校正してみましょう. 校正し終えたらペアになって Term paper を交換し, 次の点に注意しながら原稿をチェックしましょう.

1. タイトルをチェックします. タイトルが Term paper の内容を適切に表しているかチェックします.
2. 内容・構成のチェックをします. 序論, 本論, 結論の内容・構成における整合性をチェックしましょう.
3. 英語をチェックします.
   (1) スペルチェックをします. スペルのミスや大文字や小文字のチェックをしましょう.
   (2) 文法・語彙・表現をチェックします. 辞書や中学校と高等学校で使った教科書・参考書を参考にしてみましょう.
   (3) スタイルをチェックします. アカデミック・セッティングに相応しい表現にします. また, 無駄な表現, 繰り返されている表現, 回りくどい表現を削り簡潔にします.

Memorandums

Step 2

参考文献・資料の表記方法について学んでみましょう．次の論文の抜粋と参考文献（References）を見て，本文中に論文がどのように引用されているかクラス全体で話し合ってみましょう．

Many serious students of thinking, particularly philosophers and linguists, argue that language and thought are identical. Emmanuel Kant (1781) defined thinking as "talking with oneself." The nineteenth century German linguist Max Müller included in his book *The Science of Thought: No Reason Without Language: No Language Without Reason* (1887) a section titled "Language and Thought Inseparable." He argued: "What we have been in the habit of calling thought is but the reverse of a coin of which the adverse is an articulate sound, while the current coin is one and indivisible, neither thought nor sound, but word." Years later the behaviorist John Watson (1930), in a chapter titled "What Is Thinking," echoed Kant: "What the psychologist has hitherto called thought is in short, nothing but talking to ourselves." He did accept word substitutes, however, so that "... we can say that thinking is like some vocal talking — provided we hasten to explain that it can occur without words." More recently, Arendt (1978) declared: "No speechless thought can exist ..." (p.100) and further stated: "discursive thought is inconceivable without words already meaningful ..." (p. 99). For Arendt, "Mental activities invisible themselves and occupied with the invisible, become manifest only through speech" (p. 98). Contemporary linguists tend to substitute sentences or phrases for individual words (Chomsky, 1972; Fodor, 1975) but continue to stress the crucial role of language in thinking.

References
Arendt. H. (1978). *The Life of the Mind*. New York, Harcourt Brace Jovanovich.
Chomsky, N. (1972). *Language and Mind*. New York, Harcourt Brace Jovanovich.

Fodor, J. A. (1975). *The Language of Thought*. Cambridge, Harvard University Press.
Kant, I. (1781). *Kritik der reinen Vernunft*. Riger, Hartknock.
Müller, M. (1887). *The Science of Thought*. New York, Scribner.
Watson, J. B. (1930). *Behaviorism*. London, Kegan Paul.

※ Benson D. F. (1994) *The Neurology of Thinking*. New York, Oxford University Press より，References のみ一部修正．

Memorandums

Tip
校正に役立つツールについて
1. スペルチェックをするには，Microsoft Word 等のスペルチェック機能を使うと便利です．ミス・スペルには赤い下線が敷かれ，正しいと思えるものの選択肢を表示します．
2. Microsoft Word 等のソフトウェアは，文法・語彙・表現の用法の間違いを指摘してくれます．間違いと思われるものには緑色の下線で表示して指摘します．
3. 構成・語彙・表現・スタイル等を診断するソフトウェアも市販されています．また，オンライン上でこれらのサービスを行うソフトウェアもあります．TOEFL, SAT, GRE を管轄する ETS (Educational Testing Service) の Criterion がその一例です (https://criterion.ets.org)．いずれも，間違いを指摘し，修正のヒントを与えてくれます．

Step 3

次の例にならって参考文献（References）を書いてみましょう．

Sample 1
J. P. Lantolf と S. Thorne が 2006 年にオックスフォード大学出版（オックスフォード）が出版した Sociocultural Theory and the Genesis of Second Language Development と称する書籍の場合：

Lantolf, J. P. and Thorne, S. (2006). *Sociocultural Theory and the Genesis of Second Language Development*. Oxford: Oxford University Press.

Sample 2
A. Wichmann, S. Fligelstone, A. M. McEnery and G. Knowles が編集し，London の Longman が 1997 年に出版した Teaching and Language Corpora という学術論文集の 1 ページから 23 ページに記載された G. Leech による Teaching and language corpora: A convergence と称する論文の場合：

Leech, G. (1997) Teaching and language corpora: A convergence. In A. Wichmann, S. Fligelstone, A. M. McEnery and G. Knowles (Eds.), *Teaching and Language Corpora* (pp. 1-23) London: Longman.

Sample 3
2008 年 11 月 4 日に The Japan Times の 3 ページに記載された Hakuho collects third straight title と題する新聞記事の場合：

Hakuho collects third straight title. (2008, November 24). *The Japan Times*, p. 3.

Sample 4
N. Vyatkina と K. E. Johnson が 2007 年に Teaching German modal particles: A corpus-based approach. と称して http://calper.la.psu.edu/publications.php に掲載したオンライン・ジャーナル（2008 年 9 月 25 日にアクセスした場合）の場合：

Vyatkina, N. and Johnson, K. E. (2007). Teaching German modal particles: A corpus-based approach. University Park, PA: CALPER Publications. Retrieved September 25, 2008, from http://calper.la.psu.edu/publications.php

Memorandums

Tip
ReferencesとBibliographyの違いについて
Referencesは，論文で参考文献として使用した文献リストです．それに対して，Bibliographyは，ある特定の分野や研究テーマの関連文献をリストしたもので，参考文献として使用されていないものも含まれます．概論的な研究書にはBibliographyが，専門性が高い学術論文にはReferencesが掲載されることが多いと言えるでしょう．ちなみに，マニュアル (style manuals) は分野や学術誌により千差万別で2,500以上あると言われていますが，社会科学で使われるAPA (The Publication Manual of the American Psychological Association) が，人文科学で使われるCMS (The Chicago Manual of Style) やMLA (Modern Language Association) は有名です．理系は分野によりまちまちで大変多くのスタイルがあります．調べてみましょう．

クラス外ワーク

1. Step 3 の活動をもとに参考文献（References）を完成させ，指定された Web サイトにアップしておきましょう．
2. Step 1 の活動を踏まえて，Term paper の加筆・修正を続けましょう．また，Step 2 で学んだ表記法にならい，Term paper の本文に参考文献・資料を表記してみましょう．次の UNIT 26 で Term paper 全体を見直すので，印刷して 1 部持参しましょう．

Memorandums

UNIT 26

Advanced project, academic writing and presentation
Drafting – writing the abstract
アブストラクトを書く

UNIT 26 では次の2つのことをします.

1. Term paper 全体を見直します.
2. アブストラクト (Abstract) の書き方を学び, 書いてみます.

クラスワーク

Step 1

ペアになって校正済みの Term paper を交換し, 読んでコメントしてみましょう.

Memorandums

Step 2

アブストラクトについて学んでみましょう．

> アブストラクトの目的は，著書や論文の内容を簡潔に紹介することです．読者はアブストラクトを読み，その論文が読むに値するものかどうかを判断します．概して，1 ないし 2 つのパラグラフで構成され，次のような 4 点を中心に，100～200 words 程度で書かれた著書・論文の概要です．
>
> 1. Term paper を書くに至った背景と経緯
>   → なぜ興味をいだくようになったか，先行研究も交えて述べる．
> 2. Term paper の目的
>   → どの問題をどのように究明するか，Term paper のトピックに合わせて目的を述べる．
> 3. リサーチの方法・分析・結果
>   → どのような調査を行い，どのようにデータを集め，どのように分析し，どのような結果が得られたか述べる．
> 4. 結論
>   → リサーチの成果を述べる．

以下は，アブストラクトの 1 例です．

K. Takahashi and S. Yamanaka. Induction of pluripotent stem cells from mouse embryonic and adult fibroblast cultures by defined factors. (*Cell*. 2006 Aug 25; 126 (4): 663-76) という論文に付されたアブストラクトです．よく読んで，上で列挙された要素のうち，どれが含まれているか分析してみましょう．

> Differentiated cells can be reprogrammed to an embryonic-like state by transfer of nuclear contents into oocytes or by fusion with embryonic stem (ES) cells. Little is known about factors that induce this reprogramming. Here, we demonstrate induction of pluripotent stem cells from mouse embryonic or adult fibroblasts by introducing four factors, Oct3/4, Sox2, c-Myc, and Klf4, under ES cell culture conditions. Unexpectedly, Nanog was dispensable. These cells, which we designated iPS (induced pluripotent stem) cells, exhibit the morphology and growth properties of ES cells and express ES cell marker genes. Subcutaneous transplantation of iPS cells into nude mice resulted in tumors containing a variety of tissues from all three germ layers. Following injection into blastocysts, iPS cells contributed to mouse embryonic development. These data demonstrate that pluripotent stem cells can be directly generated from fibroblast cultures by the addition of only a few defined factors.

このアブストラクトでは，1 番目の文と 2 番目の文で研究の背景を書き，3 番目の文で論文の目的を書いています．4 番目の文～ 7 番目の文で実験の方法と結果の概要を書き，最後に 8 番目の文で考察をまとめています．

Step 3

Step 2 をもとに Term paper のアブストラクトを 150 words 程度の英文で書いてみましょう．

1. Term paper を書くに至った背景と経緯

_____
_____
_____
_____

2. Term paper の目的

_____
_____
_____
_____

3. リサーチの方法・分析・結果

_____
_____
_____
_____

4. 結論

_____
_____
_____
_____

クラス外ワーク

1. もう一度 Term paper を読み, Step 3 で書きはじめたアブストラクトを完成させ, 指定された Web サイトにアップしておきましょう. UNIT 27 で使用するので, 1 部印刷して持参しましょう.
2. アブストラクトを含めて, 引き続き Term paper 全体を修正しましょう.

Memorandums

UNIT 27

Advanced project, academic writing and presentation

Preparation for academic presentation
最終発表の準備

UNIT 27 では次の2つのことをします．

1. Term paper のアブストラクトを見直します．
2. Term paper をもとに最終発表の準備をします．

クラスワーク

Step 1

グループごとにペアを組み，UNIT 26 のクラス外ワークで書いたアブストラクトを交換しコメントしてみましょう．終了したらもらったコメントを参考にアブストラクトを修正しましょう．

Memorandums

Step 2

Term paper をもとに発表の構成を考え，最終発表のアウトラインを書いてみましょう．

発表では完成した Term paper をそのまま読む時間はありません．制限時間内に効果的な発表ができるように構成を考える必要があります．まず Introduction, Main body, Conclusion にかける時間配分は率に直すと，Introduction が 10%, Main body が 80%, Conclusion が 10% です．

Introduction
10%程度の時間配分

Main body
80%程度の時間配分

Conclusion
10%の時間配分

次に，以下の3点に注意しながら，最終発表のアウトラインを書いてみましょう．Volume 1 の PART II の UNIT 27 を参考にアウトラインをしっかり書いてみましょう．

1. 一番伝えたいことを明確にする
   → Term paper で書いたことを全て話す時間はありません．一番伝えたいことを何点か選んで発表しましょう．
2. 発表の目的を明確にする
   → リサーチの目的・意義は何か，何を発見したか，明確にしましょう．
3. Audience を念頭に入れる
   → Audience の立場に立って，予備知識を効果的に与えるなど，分かり易く説明しましょう．

Title
_____
_____

Main ideas
- _____
- _____
- _____
- _____
- _____
- _____
- _____

Minor ideas

- _____
- _____
- _____
- _____
- _____
- _____
- _____
- _____
- _____
- _____
- _____
- _____

1. Main idea 1. _____

    (1) Minor idea 1. _____

    (2) Minor idea 2. _____

    (3) Minor idea 3. _____

2. Main idea 2. _____

    (1) Minor idea 1. _____

    (2) Minor idea 2. _____

    (3) Minor idea 3. _____

3. Main idea 3. _____

    (1) Minor idea 1. _____

    (2) Minor idea 2. _____

    (3) Minor idea 3. _____

Title _____

Name _____

1. **Introduction**（タイトルを述べ，そのタイトルについて Main idea 1, Main idea 2, Main idea 3, Main idea 4 を中心にリサーチした内容を述べる．A4で1／3か1／2枚程度）

2. **Main idea 1.**（A4で1枚程度）
   (1) Minor idea 1.
   (2) Minor idea 2.
   (3) Minor idea 3.

   Main idea 1 につき，それに関連する Minor idea 1, 2, 3 をカバーしながら論ずる

3. **Main idea 2.**（A4で1枚程度）
   (1) Minor idea 1.
   (2) Minor idea 2.
   (3) Minor idea 3.

   Main idea 2 につき，それに関連する Minor idea 1, 2, 3 をカバーしながら論ずる

4. **Main idea 3.**（A4で1枚程度）
   (1) Minor idea 1.
   (2) Minor idea 2.
   (3) Minor idea 3.

   Main idea 3 につき，それに関連する Minor idea 1, 2, 3 をカバーしながら論ずる

5. **Main idea 4.**（A4で1枚程度）
   (1) Minor idea 1.
   (2) Minor idea 2.
   (3) Minor idea 3.

   Main idea 4 につき，それに関連する Minor idea 1, 2, 3 をカバーしながら論ずる

6. **Conclusion**（このテーマについて特に結論として主張したいことを述べます．また，これ以外に削除したメイン・アイディアがあれば，今後リサーチしたいポイントとして軽く触れておくとよいでしょう．A4で1／3か1／2枚程度）

Step 3

できあがったアウトラインをもとに，最終発表用のマルチメディア資料（スライド等）を作成してみましょう．動画，画像，チャート，グラフ等の Visual Aids を積極的に使用することで，言葉だけでは理解しにくい事象や概念を分かりやすく説明することができます．特に，予備知識については，動画を探して短時間示せば効果的に伝わります．

Memorandums

Introduction

1. _____
2. _____
3. _____

絵・写真
グラフ
表
動画
etc.

_____ ┌─────────────┐ │ 絵・写真 │ │ グラフ │ │ 表 │ │ 動画 │ │ etc. │ └─────────────┘	_____ 1. _____ ┌─────┐ 　　　　　　　 │絵・写真│ 2. _____ │グラフ│ 　　　　　　　 │ 表 │ 3. _____ │動画│ 　　　　　　　 │etc.│
_____ 1. _____ ┌─────┐ 　　　　　　　 │絵・写真│ 2. _____ │グラフ│ 　　　　　　　 │ 表 │ 3. _____ │動画│ 　　　　　　　 │etc.│	_____ ┌─────────────┐ │ 絵・写真 │ │ グラフ │ │ 表 │ │ 動画 │ │ etc. │ └─────────────┘
_____ 1. _____ ┌─────┐ 2. _____ │絵・写真│ 　　　　　　　 │グラフ│ 3. _____ │ 表 │ 　　　　　　　 │動画│ 　　　　　　　 │etc.│	_____ 1. _____ ┌─────┐ 　　　　　　　 │絵・写真│ 2. _____ │グラフ│ 　　　　　　　 │ 表 │ 3. _____ │動画│ 　　　　　　　 │etc.│
_____ 1. _____ ┌─────┐ 　　　　　　　 │絵・写真│ 2. _____ │グラフ│ 　　　　　　　 │ 表 │ 3. _____ │動画│ 　　　　　　　 │etc.│	**Conclusion** _____ _____ _____

Step 4

できあがったアウトラインと最終発表用のマルチメディア資料（スライド等）を交換し，互いにコメントしてみましょう．

Memorandums

クラス外ワーク

1. UNIT 28 で最終発表する人は，使用する資料を完成させ，指定された Web サイトにアップしておきましょう．UNIT 29, 30 で発表する人もその準備を進めましょう．

2. UNIT 29 のクラス外ワークで Term paper を提出します．それまで，Term paper をもう一度見直し，修正しましょう．

Memorandums

UNIT 28　Final academic presentation
【最終発表】アカデミック・プレゼンテーション（1）

> UNIT 28では次の2つのことをします.
> 1. クラスの3分の1（クラス総数を24人と想定した場合は, 内8名）が今学期の最終発表をします.
> 2. Volume 1 & Volume 2で学んだこと全てを踏まえて, 今学期の最終成果を発信します.

クラスワーク

Step 1

質疑応答に必要な表現を学びましょう.

1. 意見を述べる表現
   The way I see it is that _____
   As far as I'm concerned, _____
   I strongly believe that _____
   I suppose that _____
   I suspect that _____
   I'm convinced that _____
   Without doubt, _____

2. 反対意見を述べる表現
   I disagree about how to cope with the problem.
   Would it be better to think that _____
   Shouldn't we consider that _____
   But what about _____
   Frankly, I doubt if _____
   Let's face it. What you are saying doesn't reflect the real situation.

You mentioned that _____, but the truth of the matter is that
_____
The problem with your point of view is that _____

3. 後で質問に答えるときに使う表現

   We'll be examining this point in more detail later on.
   I'd like to deal with this question later.
   I'll come back to this question later in my talk.
   Perhaps you'd like to raise this issue at the end.
   Can I go back to your question later on?

Step 2

次の要領で今学期の最終発表をします．これまで習った表現を駆使して，活発な質疑応答をしましょう．UNIT 28 ではクラスの 3 分の 1 が発表します．

1. 各自に割り当てられた時間は 10 分です．（1 クラス 24 人を想定した場合 8 名発表する．人数によって調整します．8 分発表＋2 分質疑応答＋1 分準備［入れ替えを含む］）
2. クラス全体の司会者 (Chair) 1 名，Time keeper 1 名，IT assistant 2 名を選び，それぞれクラス全体の司会進行，進行の管理，IT 関連のサポートをします．
3. 発表者は，2 人 1 組になり，Volume 1 の PART I の UNIT 8 にならい，各ペアがお互いに紹介しながら発表してみましょう．
4. Evaluation Sheet を用意し，発表者以外は全員が評価してコメントを書きます．

Chair (Name) _____

Time keeper (Name) _____

IT assistants (Names) _____

Speakers:

1. Name _____

   Title _____

2. Name _____

   Title _____

3. Name _____

   Title _____

4. Name _____

   Title _____

5. Name _____

   Title _____

6. Name _____

   Title _____

7. Name _____

   Title _____

8. Name _____

   Title _____

Memorandums

クラス外ワーク

1. UNIT 29 で最終発表する人はその準備を続けましょう. 使用する資料を完成させ, 指定されたWeb サイトにアップしておきましょう. UNIT 30 で発表する人は最終発表の準備を続けましょう.
2. Term paper を修正しましょう.

Memorandums

UNIT 29　Final academic presentation
【最終発表】アカデミック・プレゼンテーション（2）

> UNIT 29では次の2つのことをします.
> 1. クラスの3分の1（クラス総数を24人と想定した場合は, 次の8名）が今学期の最終発表をします.
> 2. Volume 1 & Volume 2で学んだこと全てを踏まえて, 今学期の最終成果を発信します.

クラスワーク

Step 1

質疑応答に必要な表現を学びましょう.

1. 即答できそうな質問の場合

   Thank you. That's a very good question.
   Yes, that's a good point.
   Yes, that's true.
   Yes, I see what you mean.

2. 回答が難しい質問の場合

   That's a difficult question.
   That's one of the areas we will be investigating in the future.
   I'm not sure if I can answer that question right now.
   We have tried to find an answer for that question, but up to this point, we haven't been able to find one.

3. すでに説明したことを質問された場合

   This was one of the points I have already explained.
   I think that I already mentioned that before.

That's definitely an important point, which I think I explained earlier.
As I mentioned, I don't think I will have enough time to explain the details here.

4. テーマに直接関係のない質問をされた場合

I don't think that's related to my topic.
That's really an entirely different question.
That's not one of the areas we would like to go into.
That's not really my field of expertise, so I don't think I can answer your question.

Step 2

最終発表のフォーマット（8名を想定）に沿って，最終発表をしましょう．

Chair (Name) _____

Time keeper (Name) _____

IT assistants (Names) _____

Speakers:

9. Name _____
   Title _____
10. Name _____
    Title _____
11. Name _____
    Title _____
12. Name _____
    Title _____
13. Name _____
    Title _____
14. Name _____
    Title _____
15. Name _____
    Title _____
16. Name _____
    Title _____

発表者以外の人は，それぞれの発表について簡単にコメントし，指定されたWebサイトにアップしましょう．

Memorandums

クラス外ワーク

1. UNIT 30 で最終発表する人はその準備を続けましょう. 使用する資料を完成させ, 指定された Web サイトにアップしておきましょう.

2. Term paper を完成させ, 指定された Web サイトに提出しましょう. 1 部コピーして UNIT 30 の授業に持参して提出します.

Memorandums

UNIT 30　Final academic presentation
【最終発表】アカデミック・プレゼンテーション（3）

UNIT 30では次の2つのことをします．
1. クラスの3分の1（クラス総数を24人と想定した場合は，最後の8名）が今学期の最終発表をします．
2. Volume 1 & Volume 2で学んだこと全てを踏まえて，今学期の最終成果を発信します．

クラスワーク

Step 1

最終発表のフォーマット（8名を想定）に沿って，最終発表をしましょう．

Chair（Name）_____

Time keeper（Name）_____

IT assistants（Names）_____

Speakers:

17. Name _____
    Title _____
18. Name _____
    Title _____
19. Name _____
    Title _____
20. Name _____
    Title _____
21. Name _____
    Title _____

22. Name _____

　　 Title _____

23. Name _____

　　 Title _____

24. Name _____

　　 Title _____

発表者以外の人は，それぞれの発表について簡単にコメントし，指定されたWebサイトにアップしましょう．

Memorandums

APPENDIX

クラスルーム・アレンジメント

For Debate Session

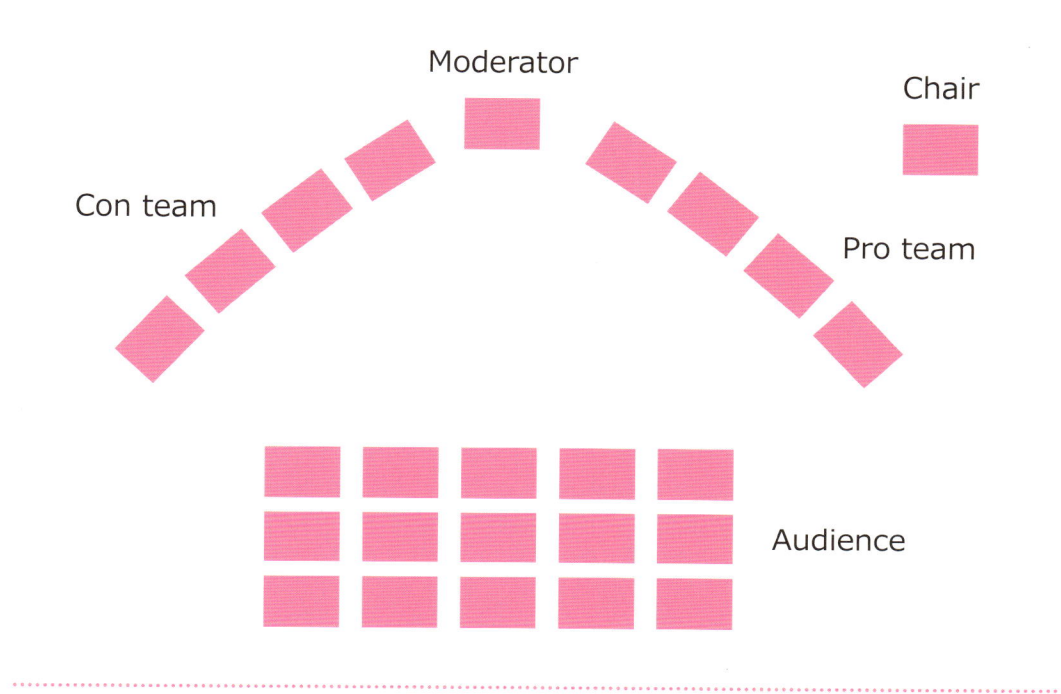

Moderator

Chair

Con team

Pro team

Audience

For Panel Discussion Session

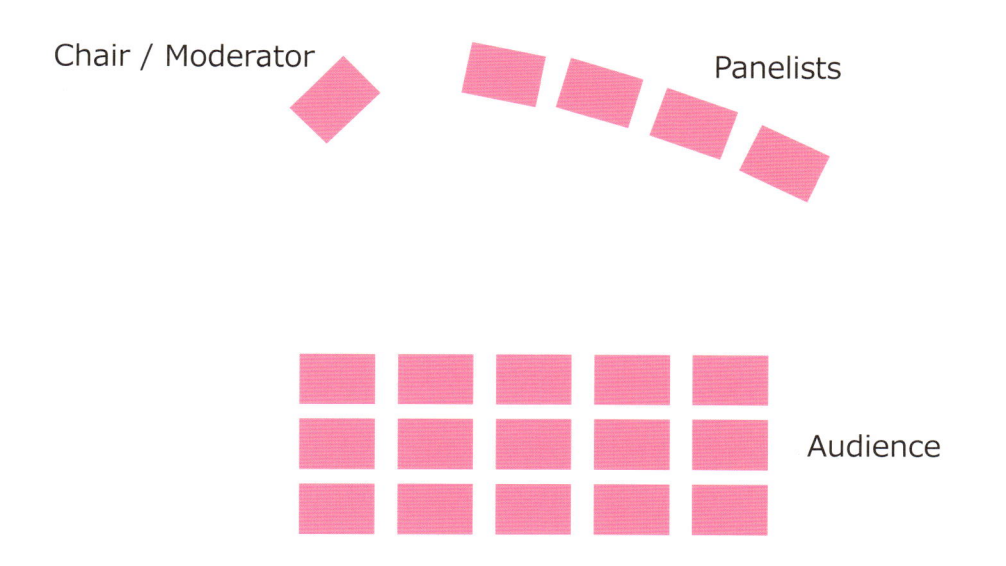

Chair / Moderator

Panelists

Audience

数字の表現

時刻・年・月日

午前 11：30	eleven thirty a.m.
1989 年	nineteen eighty nine
2009 年	two thousand nine
5月3日	May third / the third of May

少数

0.1	zero point one または one tenth
0.01	zero point zero one または one hundredth
0.001	zero point zero zero one または one thousandth
3.141	three point one four one
0.765	zero point seven six five

分数

$\frac{1}{2}$	one half
$\frac{1}{3}$	one third
$\frac{2}{3}$	two thirds
$\frac{1}{10}$	one tenth
$\frac{1}{21}$	one over twenty-one
$\frac{9}{100}$	nine hundredths

計算式

$3 + 5 = 8$	three plus five equals eight
	three and five is eight
$5 - 2 = 3$	five minus two equals three
	two from five leaves three
$5 \times 4 = 20$	five times four equals twenty
	five multiplied by four equals twenty
$6 \div 2 = 3$	six divided by two equals three

べき乗

$3^2 = 9$	three squared equals nine
x^2	x squared
x^3	x cubed
x^4	x to the fourh power または the fourth power of x

スタイルシートの例

APA（American Psychological Asociation）Style
　　http://apastyle.apa.org/
The Chicago Manual of Style
　　http://www.chicagomanualofstyle.org/home.html
Turabian Style
　　http://www.press.uchicago.edu/books/turabian/turabian_citationguide.html
MLA（Modern Language Association）Style
　　http://www.mla.org/style

DEBATE EVALUATION SHEET

CLASS: _____   INSTRUCTOR: _____   DATE: _____

EVALUATOR: _____
GROUP: _____
PROPOSITION: _____
PRO TEAM: _____
CON TEAM: _____

	PRO TEAM	CON TEAM
Preparation	1 2 3 4 5	1 2 3 4 5
Presentation	1 2 3 4 5	1 2 3 4 5
Cross-examination	1 2 3 4 5	1 2 3 4 5
OVERALL RATING	1 2 3 4 5	1 2 3 4 5

5 = excellent   4 = good   3 = fair   2 = poor   1 = inadequate

Comment

EVALUATION SHEET FOR PANEL DISCUSSION

CLASS: _____ INSTRUCTOR: _____ DATE: _____

EVALUATOR: _____

GROUP: _____

THEME: _____

PANELIST 1: _____   PANELIST 2: _____

PANELIST 3: _____   PANELIST 4: _____

PANELIST 5: _____   PANELIST 6: _____

	Preparatin	Presentation	Discussion	OVERALL
PANELIST 1	1 2 3 4 5	1 2 3 4 5	1 2 3 4 5	1 2 3 4 5
PANELIST 2	1 2 3 4 5	1 2 3 4 5	1 2 3 4 5	1 2 3 4 5
PANELIST 3	1 2 3 4 5	1 2 3 4 5	1 2 3 4 5	1 2 3 4 5
PANELIST 4	1 2 3 4 5	1 2 3 4 5	1 2 3 4 5	1 2 3 4 5
PANELIST 5	1 2 3 4 5	1 2 3 4 5	1 2 3 4 5	1 2 3 4 5
PANELIST 6	1 2 3 4 5	1 2 3 4 5	1 2 3 4 5	1 2 3 4 5

5 = excellent   4 = good   3 = fair   2 = poor   1 = inadequate

Comment

著　者　　　鈴木佑治 Ph.D. 慶應義塾大学名誉教授, 立命館大学生命科学部客員教授

著者略歴
慶應義塾大学名誉教授, 立命館大学客員教授（元立命館大学教授）
1944年3月生まれ, 静岡県出身。
［学歴］ 1966年慶應義塾大学文学部英米文学科卒業, 1968年早稲田大学大学院文学英文学修士課程修了, 1973年ハワイ大学大学院 TESL 修士課程修了, 1978年ジョージタウン大学大学院言語学博士課程修了 Ph.D. 取得。
［専攻］ 言語学（意味論, 語用論）, 英語学, 英語教育
［職歴］ 1968年4月から1978年3月まで10年間米国に滞在。1978年4月に慶應義塾大学経済学部に助教授として赴任し英語を担当, その後, 教授昇格を経て, 1990年4月新設同大学湘南藤沢キャンパス（SFC）に移籍し, SFC 発信型英語プログラムと言語コミュニケーション関係の科目を立ち上げる。1994年4月より SFC 新設大学院政策・メディア研究科修士課程委員（M㊝受）, 1996年4月より同博士課程委員（D㊝受）を兼任し, 論文指導をする。2008年3月に慶應義塾大学を定年退職, 同年4月に立命館大学生命科学部に教授として赴任し, 生命科学部・薬学部, 大学院生命科学研究科の「プロジェクト発信型英語プログラム」を立ち上げる。また, 2009年発足の同大学スポーツ健康科学部の「プロジェクト発信型英語プログラム」の立ち上げに携わる。2014年3月に立命館大学を退職し, 同年4月より立命館大学客員教授に任用される。
［関連著書］ 『英語教育グランド・デザイン：慶應義塾大学 SFC の実践と展望』2003年慶應義塾大学出版会。『グローバル社会を生きるための英語授業：立命館大学生命科学部・薬学部・生命科学研究科プロジェクト発信型英語プログラム』2012年創英社三省堂。TOEFL Web Magazine "For Lifelong English" (http://www.cieej.or.jp/toefl/webmagazine/interview-lifelong), 本テキストシリーズ Volume 1 & 2 を使用した授業風景 (pep-rg.jp) など。

企画・構成・編集補佐　　　山中　司 Ph.D. 立命館大学生命科学部准教授

　　　　　　　　　　著作権法上、無断複写・複製は禁じられています。

プロジェクト発信型英語 2	[B-752]
Do Your Own Project In English Volume 2	

1　刷	2014年3月21日
3　刷	2022年3月30日
著　者	鈴木　佑治　　Yuji Suzuki
発行者 発行所	南雲　一範　　Kazunori Nagumo 株式会社　南雲堂 〒162-0801　東京都新宿区山吹町361 NAN'UN-DO CO., Ltd. 361 Yamabuki-cho, Shinjuku-ku, Tokyo 162-0801, Japan 振替口座：00160-0-46863 TEL：03-3268-2311（代表）／FAX：03-3269-2486 編集者　加藤　敦
組　版	Atelier-Shiba
装　丁	銀月堂
検　印	省略
コード	ISBN978-4-523-17752-4　　C0082

Printed in Japan

E-mail　　nanundo@post.email.ne.jp
URL　　　https://www.nanun-do.co.jp/